りゅう がく せい
留学生のための

ぼ き しょ きゅう
簿記初級

ワークブック

CUTT
カットシステム

本書に掲載している問題の「解答ファイル」は、以下の URL からダウンロードできます。
ほんしょ けいさい もんだい かいとう いか

解答ファイルのダウンロード URL
かいとう

https://cutt.jp/books/978-4-87783-702-0

簿記の基礎概念

1-1 どうして簿記が必要なのか？

人や会社が活動をすると、お金が動きます。お客さんが衣料品店でシャツを買ったとしましょう。そうすると、お客さんはシャツという商品を手に入れ、その代わりに代金として現金を支払います。衣料品店はお客さんに商品を売ることによって、現金を手に入れます。お客さんは自分の衣食住を満たすために働いてお金を稼いで、使います。衣料品店は商品を売って儲けを出して、お店を潰さないように仕事をします。現金だけを使って仕事をする場合は、現金があるかないかで、今の状態がわかりますが、銀行の預金を使ったり、代金をツケにしたりすると複雑になって、今の状態がわからなくなってしまいます。そこで、お金の動きをきちんと記録することが必要になります。

みなさんは、小遣帳や家計簿をつけたことはありませんか。これをつけると、お金の出入りがよくわかります。ひと月分を集計すると稼いだお金と使ったお金がわかり、使い過ぎていないかがわかります。稼いだお金と使ったお金の差額が残ったお金で、今手もとにあるお金ということになります。実際にあるか確かめることによって、盗まれていないかがわかります。会社では、多くの人が働いて、お金を儲け、使います。ちゃんと記録をとらないと、どうなっているかわからなくなってしまいます。だから、簿記をやって、記録をするんです。

また会社は、株主から資金を集めたり、銀行からお金を借りたりします。そのために、会社の状態を株主や銀行に知らせる必要もあります。そのために記録を集計して、報告書を作ります。貸借対照表と損益計算書です。これらの報告書によって、財産がどれくらいあるか（**財政状態**）やどれだけ儲かったか（**経営成績**）を報告します。

簿記は、このように会社が行った仕事を、記録して、集計して、報告するために必要なものです。

会社の中では、簿記で記録をすることで、財産を管理したり、従業員の仕事を管理したりするのに役立つよ。

簿記によって、会社の財産や経営の状態がわかるよ。

会社の外では、銀行は借金を返済する力があるかどうか、株主は儲かる会社かどうかを判断するために、簿記の報告書が役立っているよ。

1-2 貸借対照表

■ 1-2-1 貸借対照表とは何か？

　会社が一定期間に行った仕事の結果として残った財産（**財政状態**）を一覧表にした報告書が、**貸借対照表**です。英語で Balance Sheet といって、B/S と略します。簿記では左側を**借方**、右側を**貸方**といいます。会社の財産を右側と左側、つまり、貸方と借方に対比させて表わした表なので、貸借対照表といわれます。借方（左側）に資産、貸方（右側）に負債と純資産（資本）を載せます。貸借対照表は一定時点の財政状態を表す報告書で、ふつうは１年間の最後の日（**決算日**といいます）に作成されます。

貸借対照表

CS商店	x1年12月31日		（単位：円）
資産の部	金　額	負債・純資産の部	金　額
現　　　金	520,000	買　掛　金	260,000
売　掛　金	310,000	借　入　金	180,000
商　　　品	40,000	資　本　金	600,000
貸　付　金	130,000	当期純利益	160,000
備　　　品	200,000		
	1,200,000		1,200,000

会社の財産の状態を表すよ。

この貸借対照表の貸借の関係を算式で表すと、次のようになります。

$$\underset{\text{借方}}{\text{資産}} = \underset{\text{貸方}}{\text{負債 + 純資産（資本）}}$$

　これは、**貸借対照表等式**といって、貸借対照表の仕組みを示す算式です。

■ 1-2-2 資産とは何か？

　貸借対照表の借方（左側）に載せる**資産**とは、財貨と債権です。**財貨**は金品や物品などの価値がある財産で、現金、銀行の預金、土地、建物などです。**債権**は相手に金品などを請求する権利で、売掛金、受取手形、貸付金などです。どちらも会社の財産を増やすものなので、**積極財産**（プラスの財産）といわれます。

資産勘定は、財貨や債権が増加した場合にその資産勘定の借方に記入し、財貨や債権が減少した場合にその資産勘定の貸方に記入します。

■1-2-3 負債とは何か？

貸借対照表の貸方（右側）に載せる**負債**とは、債務です。**債務**は相手に金品などを返済する義務で、買掛金、支払手形、借入金などです。これらは会社の財産から支払する（財産を減らす）ものなので、**消極財産**（マイナスの財産）といわれます。

負債勘定は、債務が増加した場合にその負債勘定の貸方に記入し、債務が減少した場合にその負債勘定の借方に記入します。

memo

簿記では、左側を借方、右側を貸方と言うよ。「借」と「貸」の漢字の意味を考えると間違えやすいから、単純に、左側と右側と覚えるといいよ。簡単な覚え方は、ひらがなにして、借方（か**り**かた）の「り」は左にはらって、貸方（か**し**かた）の「し」は右にはらうから、借方は左側、貸方は右側と覚えるといいよ。

借方

左にはらうから、左側

貸方

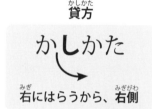

右にはらうから、右側

■1-2-4 純資産（資本）とは何か？

もう一つ貸借対照表の貸方（右側）には、純資産（資本）を載せます。**純資産**（資本）は資産と負債の差額で、会社を運営するための元手になる正味の財産なので、正味財産ともいわれます。個人企業では資本金です。

純資産勘定は、出資などで元手が増加したときにその純資産勘定の貸方に記入し、減少したときにその純資産勘定の借方に記入します。

先ほど示した貸借対照表等式を変形すると、次の算式のようになります。

純資産（資本）＝資産 − 負債

これは、純資産（資本）を定義する算式で、**資本等式**といいます。

> **memo** 純資産と資本は、個人企業では同じものです。資本は企業の所有者の持分です。個人企業では、資本金が唯一の純資産の勘定科目で、期中に設けた利益は資本金の増加になり、所有者（店主）の持分になります。株式会社では、資本金以外にも純資産の勘定科目があり、その中には所有者（株主）の持分ではないものも存在します。詳しいことは本書では説明しませんが、株式会社では純資産と資本は同じでない場合もあります。

1-3 損益計算書

■ 1-3-1 損益計算書とは何か？

　会社が一定期間に行った仕事の成果（**経営成績**）を表すのが、**損益計算書**です。英語では、Profit and Loss statement（または、Income statement）といって、P/L と略します。この一定期間は**会計期間**といって、ふつうは 1 年間です。

　仕事の成果は、収益と費用、そして当期純利益として表示します。損益計算書には、借方に費用、貸方に収益を記載し、その差額として当期純利益（あるいは当期純損失）を表示します。この関係を算式で表すと、つぎのようになります。

費用＋当期純利益	＝	収益	……… 利益が出る場合
（費用	＝	収益＋当期純損失）	……… 損失が出る場合
借方		貸方	

　これは、損益計算書の仕組みを示す算式で、**損益計算書等式**といいます。仕事がうまくいって利益（儲け）が出た場合は**当期純利益**を借方側に、仕事がうまくいかず損失が出てしまった場合は**当期純損失**を貸方側に表示します。

損益計算書
そん えき けい さん しょ

費用 ひ よう	金額 きん がく	収益 しゅう えき	金額 きん がく
売上原価 うり あげ げん か	520,000	売上高 うり あげ だか	1,000,000
給料 きゅう りょう	240,000	受取利息 うけ とり り そく	40,000
水道光熱費 すい どう こう ねつ ひ	70,000		
支払利息 し はらい り そく	50,000		
当期純利益 とう き じゅん り えき	160,000		
	1,040,000		1,040,000

CS商店　自x1年1月1日至x1年12月31日　（単位：円）

> 会社の経営成績を表すよ
> かいしゃ けいえいせいせき あらわ

■ 1-3-2　収益とは何か？

損益計算書の貸方（右側）に載せる**収益**は、会社の活動によって得られた財産の増加額のことで、営業活動によって得られる商品の売上やサービスからの収入、そのほかの活動から得られる受取利息、受取手数料などがあります。

収益勘定は、代金を受け取るなどして収益が発生した場合にその収益勘定の貸方に、減少した場合はその収益勘定の借方に記入します。

■ 1-3-3　費用とは何か？

損益計算書の借方（左側）に載せる**費用**は、利益を得るために費やされた財産の減少額のことで、商品の売上を得るために費やされる商品の売上原価、サービスから収入を得るために費やされるサービスの原価、そのほかの活動のために費やされる支払利息、支払手数料などがあります。

費用勘定は、代金を支払うなどして費用が発生した場合にその費用勘定の借方に、減少した場合はその費用勘定の貸方に記入します。

1-4　貸借対照表と損益計算書の関係

貸借対照表は一定の時点（通常、決算日）の財政状態を示す財務表で、損益計算書は一会計期間の経営成績を示す財務表です。

損益計算書等式（9ページ）を変形すると、

当期純利益 = 収益 − 費用

となります。これは**損益法**といって、損益（収益と費用）から利益を求める方法で、この計算式を**損益法の利益計算式**といいます。損益計算書ではこの方法によって当期純利益を計算し、表示します。当期純利益は、純資産を増加させる原因である収益から純資産を減少させる原因である費用を差し引いたもので、純資産の正味の増加額ということになります。

　利益が純資産の正味増加額であるということから考えると、当期純利益は期末の純資産と期首の純資産の差額、つまり、その会計期間における純資産の増加額ということでも計算することができます。この考え方を**財産法**といい、**財産法の利益計算式**は、つぎのようになります。

当期純利益 ＝ 期末純資産 － 期首純資産

財産法と損益法の関係は、つぎのようにまとめることができます。

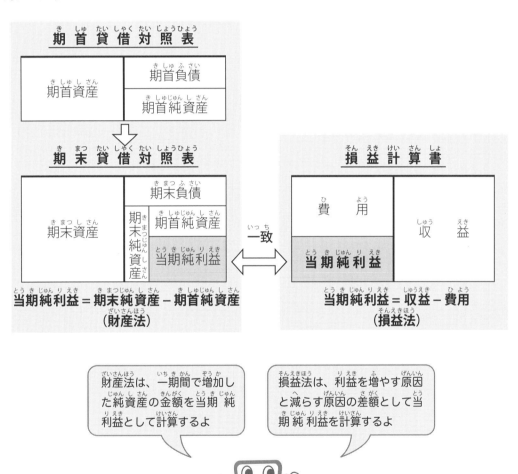

つぎの各問（かくもん）の（　　）にあてはまる答（こた）えとして、最（もっと）も適当（てきとう）なものを選択肢（せんたくし）から選（えら）びなさい。

① 簿記（ぼき）とは、企業（きぎょう）の経済活動（けいざいかつどう）を、記録（きろく）して、集計（しゅうけい）して、（　　）するためのツールである。
【選択肢（せんたくし）】 計算（けいさん）、報告（ほうこく）、実行（じっこう）、管理（かんり）、計画（けいかく）

② 企業（きぎょう）が一定期間（いっていきかん）に行（おこな）った経済活動（けいざいかつどう）の結果（けっか）として残（のこ）った財産（ざいさん）（財政状態（ざいせいじょうたい））を示（しめ）すのは、（　　）である。
【選択肢（せんたくし）】 試算表（しさんひょう）、総勘定元帳（そうかんじょうもとちょう）、貸借対照表（たいしゃくたいしょうひょう）、損益計算書（そんえきけいさんしょ）、仕訳帳（しわけちょう）

③ 資産（しさん）とは、現金（げんきん）、預金（よきん）、土地（とち）、建物（たてもの）などの財貨（ざいか）と、売掛金（うりかけきん）、受取手形（うけとりてがた）、貸付金（かしつけきん）などの（　　）である。
【選択肢（せんたくし）】 債権（さいけん）、債務（さいむ）、財産（ざいさん）、負債（ふさい）、収益（しゅうえき）

④ （　　）とは、買掛金（かいかけきん）、支払手形（しはらいてがた）、借入金（かりいれきん）など、相手（あいて）に金品（きんぴん）などを返済（へんさい）する義務（ぎむ）である。
【選択肢（せんたくし）】 資産（しさん）、負債（ふさい）、純資産（じゅんしさん）、収益（しゅうえき）、費用（ひよう）

⑤ （　　）は資産（しさん）と負債（ふさい）の差額（さがく）で、会社（かいしゃ）を運営（うんえい）するための元手（もとで）になる正味（しょうみ）の財産（ざいさん）である。
【選択肢（せんたくし）】 財産（ざいさん）、債権（さいけん）、債務（さいむ）、純資産（じゅんしさん）、利益（りえき）

⑥ （　　）は、企業（きぎょう）が一定期間（いっていきかん）に行（おこな）った経済活動（けいざいかつどう）の成果（せいか）（経営成績（けいえいせいせき））を表（あらわ）す。
【選択肢（せんたくし）】 貸借対照表（たいしゃくたいしょうひょう）、損益計算書（そんえきけいさんしょ）、仕訳帳（しわけちょう）、総勘定元帳（そうかんじょうもとちょう）、試算表（しさんひょう）

⑦ （　　）は、企業（きぎょう）の経済活動（けいざいかつどう）によって得（え）られた財産（ざいさん）の増加額（ぞうかがく）のことで、売上（うりあげ）、受取利息（うけとりりそく）、受取手数料（うけとりてすうりょう）などがある。
【選択肢（せんたくし）】 資産（しさん）、負債（ふさい）、純資産（じゅんしさん）、収益（しゅうえき）、費用（ひよう）

⑧ 費用（ひよう）は、利益（りえき）を得（え）るために費（つい）やされた財産（ざいさん）の減少額（げんしょうがく）のことで、商品（しょうひん）の売上原価（うりあげげんか）、（　　）、支払手数料（しはらいてすうりょう）などがある。
【選択肢（せんたくし）】 現金（げんきん）、売上（うりあげ）、借入金（かりいれきん）、資本金（しほんきん）、給料（きゅうりょう）

⑨ （　　）は、収益（しゅうえき）と費用（ひよう）の差額（さがく）として利益（りえき）を求（もと）める方法（ほうほう）である。
【選択肢（せんたくし）】 定額法（ていがくほう）、財産法（ざいさんほう）、損益法（そんえきほう）、直接法（ちょくせつほう）、利益法（りえきほう）

⑩　財産法は、期末（　　　　）から期首（　　　　　）を差し引いて利益を求める方法である。
【選択肢】　資産、負債、純資産、収益、費用

⑪　貸借対照表の（　　　　）には資産を、その反対側には負債と純資産を記載する。
【選択肢】　右側、上側、下側、借方、貸方

⑫　簿記では、右側を（　　　　）という。
【選択肢】　借方、貸方、弓手、馬手、上手、下手

⑬　簿記では、左側を（　　　　）という。
【選択肢】　借方、貸方、弓手、馬手、上手、下手

⑭　貸借対照表は、通常、会計期間の最終日、つまり（　　　　）に作成される。
【選択肢】　週末、月末、決算日、1月1日、4月1日

⑮　貸借対照表は、一定時点の（　　　　）を表す報告書である。
【選択肢】　経営成績、資産の状態、財政状態、利益、資産と負債

⑯　貸借対照表等式は、資産＝負債＋（　　　　）で、貸借対照表の仕組みを表す。
【選択肢】　当期純利益、資本金、純資産、貸付金、借入金

⑰　損益計算書の貸方には、（　　　　）が表示される。
【選択肢】　資産、負債、純資産、収益、費用

⑱　損益計算書等式は、費用＋（　　　　）＝収益で、損益計算書の仕組みを表す。
【選択肢】　資産、負債、純資産、当期純利益、現金

⑲　（　　　　）では、当期純利益＝収益－費用で、当期純利益を求める。
【選択肢】　財産法、損益法、直接法、間接法、控除法

⑳　（　　　　）では、当期純利益＝期末純資産－期首純資産で、当期純利益を求める。
【選択肢】　財産法、損益法、直接法、間接法、控除法

Step 02 取引・勘定

2-1 取引の意義と種類

簿記は、会社が行った仕事を、記録して、集計して、報告するためのものです。でも、すべての仕事を記録するわけではありません。会社が行った仕事の中で、取引と呼ばれる仕事だけを記録します。簿記で取引というのは、一般的に使われる取引とは少し違います。**簿記上の取引**は、その仕事をすることによって会社の財産（資産、負債、純資産）が増えたり、減ったりする仕事のことです。一般的な意味では、商品の売買の契約をするなど当事者間での同意が成立すれば取引といいます。でも、簿記では商品の売買の契約をしても、商品や代金の授受が行われるなど財産（資産、負債、純資産）の変動がないと取引とはいいません。

簿記上の取引には、財産だけ、つまり資産、負債、純資産だけが増減する**交換取引**、財産と収益か費用のどちらかが増減する**損益取引**、両方が同時に行われる**混合取引**があります。現金を銀行の預金口座に預けたとか、現金でパソコンを購入したといった取引は交換取引です。家賃を現金で支払ったとか、銀行の預金の利息が口座に振り込まれたといった取引は損益取引です。借入金を利息と一緒に現金で返済したというのは混合取引になります。

2-2 取引の8要素と結合関係

取引は財産の増減をともなう出来事で、財産である資産、負債と純資産の増減、そして財産の増減の原因である収益と費用の増加といった8要素を組み合わせることによって表すことができます。8つの要素は借方要素と貸方要素に区別でき、取引は1つ以上の借方要素と1つ以上の貸方要素の組み合わせで表すことができます。借方要素、あるいは貸方要素だけの組み合わせはありません。この関係を図で示すと、以下のようになります。

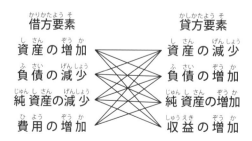

例を挙げるとつぎのようになります。

① 現金を銀行の預金口座に預けた。
　⇒　**借方要素**　銀行の預金という資産の増加　　**貸方要素**　現金という資産の減少
② 現金でパソコンを購入した。
　⇒　**借方要素**　パソコンという資産の増加　　**貸方要素**　現金という資産の減少
③ 家賃を現金で支払った。
　⇒　**借方要素**　家賃という費用の増加　　**貸方要素**　現金という資産の減少
④ 銀行の預金の利息が口座に振り込まれた。
　⇒　**借方要素**　銀行預金という資産の増加　　**貸方要素**　利息という収益の増加
⑤ 借入金を利息と一緒に現金で返済した。
　⇒　**借方要素**　借入金という負債の減少　　**貸方要素**　現金という資産の減少
　　　利息という費用の増加

　これらは取引の種類を説明するときにあげた例ですが、必ず借方要素と貸方要素の組み合わせで表すことができます。①〜④は要素がひとつずつの場合ですが、⑤のようにどちらか、あるいは両方が2つ以上の要素になる場合もあります。

> **memo**　取引の8要素は、収益の減少と費用の減少を加えて取引の10要素ということもあります。でも、これらの要素は日常の取引ではほとんど発生しないので、本書では取引の8要素とします。取引は必ず、借方要素と貸方要素の組み合わせになります。一方がその取引の原因で、もう一方が結果を表します。このように取引を原因と結果の2面でとらえる簿記を**複式簿記**といいます。これに対して、小遣い帳や家計簿のように1面だけでとらえる簿記を**単式簿記**といいます。
>
>

2-3　勘定の意義と分類

　簿記上の取引は、取引の8要素の組み合わせで表すことができますが、これらを記録し、集計するところが**勘定**（account：a/c）です。
　勘定にはそれぞれの性質から個別の名称、つまり**勘定科目**がつけられています。勘定は資産、負債、純資産、収益、費用の5つに分類されます。代表的な勘定科目を示すと、つぎのようになります。

勘定科目		意味
資産	現金	通貨（紙幣、硬貨）など
	当座預金	小切手を使って引き出しをする無利子の銀行預金
	普通預金	キャッシュカードや通帳を使って引き出しをする銀行預金
	売掛金	後で受け取ることにした商品の売上代金
	受取手形	商品の売上代金を受け取る権利を書類にしたもの
	貸付金	借用証書を使って貸し付けたお金
	建物	店や事務所などのための建造物
	備品	机、いす、パソコンなど
	土地	建物を建てるための地面
負債	買掛金	後で支払うことにした商品の仕入代金
	支払手形	商品の仕入代金を支払う義務を書面にしたもの
	借入金	借用証書を使って借り入れたお金
純資産	資本金	元手、出資金　資本金＋利益（個人企業）
収益	売上	商品を販売した時に受け取る代金
	受取手数料	取引を仲介したときなどに受け取る代金
	受取家賃	建物などを貸すことによって受け取る代金
	受取利息	銀行預金や貸付金に対して受け取る利息
	固定資産売却益	固定資産を売却することによって得られる儲け
費用	仕入	商品を購入するときに支払う代金
	給料	従業員の労働に対して支払う代金
	水道光熱費	電気、ガス、水道のために支払う料金
	通信費	電話、郵便など通信のために支払う料金
	保険料	生命保険や損害保険のために支払う代金
	支払手数料	取引の仲介を受けたときなどに支払う代金
	支払家賃	建物などを借りることによって支払う代金
	支払利息	借入金に対して支払う利息
	固定資産売却損	固定資産を売却することによって損した金額

2-4 勘定記入のルール

　仕訳された取引は、それぞれの勘定に記入します。これを**転記**といいます。必ず取引の8要素と同じ側（借方、貸方）に記入されます。たとえば、15ページで挙げた例で考えてみましょう。

① 現金を銀行の預金口座に預けた。
　⇒ 銀行預金（資産）の勘定の借方と、現金（資産）の勘定の貸方に記入（転記）
② 現金でパソコンを購入した。
　⇒ 備品（資産）の勘定の借方と、現金（資産）の勘定の貸方に記入（転記）
③ 家賃を現金で支払った。
　⇒ 支払家賃（費用）の勘定の借方と、現金（資産）の勘定の貸方に記入（転記）
④ 銀行の預金の利息が口座に振り込まれた。
　⇒ 銀行預金（資産）の勘定の借方と、受取利息（収益）の勘定の貸方に記入（転記）
⑤ 借入金を利息と一緒に現金で返済した。
　⇒ 借入金（負債）と支払利息（費用）の勘定の借方と、現金（資産）の勘定の貸方に記入（転記）

　この勘定記入のルールを図で表したのが、つぎの図です。

B/S勘定

（借方） 資産の勘定 （貸方）	
増加 (+)	減少 (−)

（借方） 負債の勘定 （貸方）	
減少 (−)	増加 (+)

（借方） 純資産の勘定 （貸方）	
減少 (−)	増加 (+)

> 貸借対照表と損益計算書に記入する側が、それぞれの勘定の増加側だよ。

P/L勘定

（借方） 費用の勘定 （貸方）	
増加 (+)	減少 (−)

（借方） 収益の勘定 （貸方）	
減少 (−)	増加 (+)

　取引は最終的には勘定に記録しますが、勘定は総勘定元帳という帳簿の中にあります。勘定に記入するためには、取引を勘定記入用の形に変える必要があります。それが仕訳です。
仕訳は取引を取引の要素に分解し、それを借方と貸方に勘定科目と金額で表わす手続きです。
仕訳をするときは、つぎの手順で考えていきます。

① 取引を、取引の要素に分解します。
　簿記上の取引を、取引の8要素に分解します。
　取引は必ずこの8要素の借方と貸方それぞれ1つ以上の組み合わせで構成されます。
② 取引の要素を借方と貸方に分類します。
　8要素は借方と貸方の要素に分類できます。
③ それぞれの要素を具体的な勘定科目に変えて、金額を入れます。
　借方の勘定科目と金額、貸方の勘定科目と金額という形で表します。

取引例：備品 10,000 円を購入し、代金を現金で支払った。
① 取引の要素に分解します。
　備品 ＝ **資産** ⇒ **増加**　　　　現金 ＝ **資産** ⇒ **減少**
② 借方と貸方に分類します。
　資産の増加 ⇒ 借方要素　　　　**資産の減少** ⇒ 貸方要素
③ 具体的な勘定科目に直し、金額を入れます。
　1）具体的な勘定科目に変えます。
　　借方要素 ⇒ **備品**　　　　貸方要素 ⇒ **現金**
　2）金額を入れます。
　　借方要素 ⇒ 備品 10,000　　　　貸方要素 ⇒ 現金 10,000

　　　仕訳：　（備　　　品）　　10,000　　　（現　　　金）　　10,000

memo

仕訳の表し方には、いくつかの方法があります。このテキストでは、仕訳帳に記入するときのように勘定科目にカッコをつけて仕訳しています。

この他に（借）、（貸）をつける方法、貸借を「／（スラッシュ）」で区切る方法などがあります。必要に応じて使い分けてください。

| （借）備　品 | 10,000 | （貸）現　金 | 10,000 |
| 備　品 | 10,000 | ／　現　金 | 10,000 |

どの書き方でも、借方と貸方に分けて、勘定科目と金額を示します。

2-6 貸借平均の原理

簿記（複式簿記）では**貸借平均の原理**といって、借方と貸方が均衡して同じ金額になるという考え方があります。取引を一つずつ仕訳するときもそうですが、貸借対照表でも、損益計算書でも、必ず借方の金額の合計と貸方の金額の合計は一致します。

この原理を使って、仕訳が間違っていないかチェックしたり、帳簿の記入が正しくできているかをチェックしたりします。これを**自己牽制機能**といいます。

練習問題

1 つぎの各問の（　　）にあてはまる答えとして、最も適当なものを選択肢から選びなさい。

① 簿記上の取引は、その活動によって会社の（　　　）が増えたり、減ったりするものである。

【選択肢】 資産、負債、財産、現金、損益

② （　　　）は、簿記上の取引ではない。

【選択肢】 商品の現金仕入、商品の売買契約、商品の代金の受取り、火災による社屋の消失、現金の盗難

③ （　　　）は、取引の8要素のうち、借方要素である。

【選択肢】 収益の増加、資産の減少、純資産の増加、費用の増加、負債の増加

④　（　　　　）は、取引を取引の要素に分解し、それを借方と貸方に勘定科目と金額で表わす手続きである。

【選択肢】　取引の要素、仕訳、転記、勘定、勘定科目

⑤　資産の増加と結びつく取引の要素は、（　　　　）である。

【選択肢】　収益の増加、負債の減少、費用の増加、純資産の減少、資産の増加

⑥　（　　　　）とは、借方と貸方が均衡して同じ金額になるという複式簿記において重要な考え方である。

【選択肢】　転記、自己牽制機能、貸借平均の原理、貸借対照表、損益計算書

2　つぎに示す事象が簿記上の取引であるか、そうでないか、区別しなさい。
①　店舗を月 100,000 円で借りる契約をした。
②　事務用の机といすを 50,000 円で購入し、代金を現金で支払った。
③　月給 30,000 円の契約で従業員を雇い入れた。
④　火災で事務所建物 1,000,000 円が焼失した。
⑤　銀行から現金 40,000 円を借り入れた。

3　つぎの取引を、取引の要素に分解しなさい。
①　当座預金から、現金 50,000 円を引き出した。
②　銀行で、現金 30,000 円を借り入れた。
③　給料 60,000 円を現金で支払った。
④　手数料として、現金 20,000 円を受け取った。
⑤　借り入れた現金 40,000 円を利息 1,000 円とともに、現金で返済した。

4　つぎの取引を、仕訳しなさい。
①　当座預金から、現金 50,000 円を引き出した。
②　銀行で、現金 30,000 円を借り入れた。
③　給料 60,000 円を現金で支払った。
④　手数料として、現金 20,000 円を受取った。
⑤　借入金 40,000 円を利息 1,000 円とともに、現金で返済した。
⑥　備品 40,000 円を、現金を支払って購入した。
⑦　借入金 30,000 円を現金で返済した。
⑧　事務所の賃借料 10,000 円を現金で支払った。

Step 03 証ひょうと帳簿

3-1 証ひょう

　簿記は、会社が行った仕事を、記録して、集計して、報告するためのツールです。記録して、集計するためには、証ひょうと帳簿が使われます。

　証ひょう（証憑）は、帳簿の記入するための証拠となる書類のことです。仕入先から受け取る納品書や領収書、得意先に渡す納品書や領収書の控えなど取引の証拠となる重要な書類です。これらをもとにして、帳簿に記入します。

3-2 帳簿

　帳簿は会社が行った取引を記録するためのもので、大きく分けて、主要簿と補助簿があります。**主要簿**には仕訳帳と総勘定元帳があり、会社が行ったすべての取引を記録する帳簿です。**補助簿**には補助記入帳と補助元帳があり、主要簿に記載した内容の内訳を示すなど補助する役目を果たします。

■ 3-2-1 仕訳帳

　仕訳帳は仕訳日記帳ともいって、会社が行った取引を発生した順番に、もれなく仕訳して記録する帳簿です。代表的な仕訳帳の形式は、つぎの図のようなものです。

仕 訳 帳

1

日付		摘　要	元丁	借　方	貸　方
4	5	（仕　　　入）　　諸口	41	20,000	
		（買　掛　金）	11		10,000
		（現　　　金）	1		10,000
		A商店から仕入			
	6	（売　掛　金）	3	30,000	
		（売　　　上）	31		30,000
		X商店へ販売			

　仕訳帳には、日付欄、摘要欄、元丁欄と借方、貸方の金額欄があります。

　日付欄には、「月」と「日にち」を記入します。ふつう「月」は同じ月であれば、一番上の取引にだけ記入してそれ以下は記入しません。「日にち」は上と同じ日にちであるなら、「〃」（ディットマーク：同上）を記入して省略します。

　摘要欄には、借方と貸方の勘定科目と小書きを記入します。勘定科目はひとつにつき1行を使います。借方勘定科目は摘要欄の左半分に、貸方勘定科目は右半分にカッコを付けて記入します。同じ側に2つ以上の勘定科目を記入するときには、その側の一番上に「諸口」と記入します。勘定科目の下の行には小書きといって、その取引の内容を簡単にまとめて、その名のとおり少し小さい文字で記入します。そしてつぎの取引があるときは、摘要欄にだけ実線を引いて区切ります。

　元帳欄は、総勘定元帳の番号を記入します。総勘定元帳には1番は現金勘定、3番は売掛金勘定というように番号がついているので、その番号を総勘定元帳に転記したときに記入します。ここに番号を記入することで、転記したかどうかがわかり、もし間違いがあったときは仕訳帳と総勘定元帳を効率よく確認することができます。

　金額欄は、借方と貸方に分かれていて、それぞれの勘定科目の金額をその勘定科目を記入した行に記入します。この欄の左右の罫線は二重線になります。

　この仕訳帳に例示された取引、どのような取引か分かりますか。仕訳帳の記入を見て、考えてみましょう。これらは、4月5日に行われた商品の仕入れと売上げの取引で、つぎのようなものです。

　「A商店から商品20,000円を仕入れ、代金のうち10,000円は現金で支払い、残額は掛けとした。」と「X商店に商品30,000円を掛けで販売した。」という取引ですね。

22

memo

最近はコンピュータを使って簿記をすることが多いですが、手書きの簿記を覚えることは簿記の仕組みを覚えるのに大変いいことです。コンピュータ簿記は入力と出力だけで、計算がブラックボックスでどうなっているか分かりません。簿記を覚えるには、手書きの簿記をしっかり練習することが大切ですね。
ちなみに手書きで帳簿に記入するとき、ふつうの文字の大きさは行の高さの2/3くらい、数字と小書きは1/2くらいの大きさで、下詰めで記入します。間違えたときは、二重線で消して、訂正印を押して、その上に書き直します。

■3-2-2　総勘定元帳

総勘定元帳は**元帳**ともいって、仕訳帳に記入した仕訳を勘定科目ごとに書き移す（転記する）ことで、勘定科目ごとに増加額、減少額を集計して、現在額（**残高**）が分かるようにした帳簿です。以下に示したのは、標準式の形式のものです。このほか、補助簿でよく使われる残高式という形式もあります。先ほど仕訳帳に記入した取引を標準式の総勘定元帳の各勘定に転記すると、つぎのようになります。

総 勘 定 元 帳

現 金　　1

日付		摘　要	仕丁	借　方	日付		摘　要	仕丁	貸　方
4	1	前期繰越	✓	100,000	4	5	仕入	1	10,000

売 掛 金　　3

日付		摘　要	仕丁	借　方	日付		摘　要	仕丁	貸　方
4	1	前期繰越	✓	50,000					
	6	売上	1	30,000					

買　掛　金　　　　　　　　　　　　11

日付		摘　要	仕丁	借　方	日付		摘　要	仕丁	貸　方
					4	1	前期繰越	✓	40,000
						5	仕入	1	10,000

売　上　　　　　　　　　　　　31

日付		摘　要	仕丁	借　方	日付		摘　要	仕丁	貸　方
					4	6	売掛金	1	30,000

仕　入　　　　　　　　　　　　41

日付		摘　要	仕丁	借　方	日付		摘　要	仕丁	貸　方
4	5	諸口	1	20,000					

　標準式の元帳は、中央で借方と貸方に分けられ、それぞれ日付欄、摘要欄、仕丁欄、金額欄を設けます。借方と貸方それぞれに、上から日付順に、行を空けないで記入します。

　日付欄の記入は、仕訳帳と同じです。

　摘要欄には、仕訳をしたときにその勘定科目の反対側に仕訳した勘定科目を記入します。その勘定科目が2つ以上あるときには、「諸口」と記入します。これによって、仕訳帳を見なくても、その取引がどのような取引であったかをおおよそ推定できます。

　仕丁欄には、仕訳帳のページ数を記入します。記入する理由は仕訳帳の場合と同じです。

　金額欄には、金額を間違いなく記入します。

　取引が間違いなく、総勘定元帳に転記されることで、それぞれの勘定科目の増減額と残高が分かります。資産、負債、純資産で、前期からの繰越額がある場合には、その金額を会計期間の最初の日に「前期繰越」として記入します。この総勘定元帳の記録をもとにして、貸借対照表と損益計算書が作成されます。

　仕訳帳と総勘定元帳の記入の仕方を説明しましたが、これ以降は簡略化した形で表していきます。仕訳は帳簿に記入しないで説明します。そして、総勘定元帳の勘定はT勘定という簡略形式で記入していきます。先ほどの例をT勘定の総勘定元帳に転記すると、つぎのようになります。

	現　金		
4/1 前期繰越	100,000	4/5 仕入	10,000

	買　掛　金		
		4/1 前期繰越	40,000
		5 仕入	10,000

	売　掛　金		
4/1 前期繰越	50,000		
6 売上	30,000		

	売　上		
		4/6 売掛金	30,000

	仕　入		
4/5 諸口	20,000		

　Ｔ勘定は、このようにアルファベットのＴ字型の勘定で、縦の線で借方と貸方を分けて、それぞれ、日付、摘要、金額を記入します。検定試験などで問題を解くときに計算用に使います。この書き方をしっかり覚えておきましょう。

■3-2-3　補助簿

　補助簿は主要簿を補助する帳簿で、補助記入帳と補助元帳があります。

　補助記入帳は、それと同じ勘定科目の総勘定元帳の勘定と同じことをその勘定科目の担当者が記入する帳簿で、その勘定科目の管理のために使います。現金出納帳、当座預金出納帳、受取手形記入帳、支払手形記入帳、売上帳、仕入帳などがあります。たとえば、現金出納帳は総勘定元帳の現金勘定と同じことを記入しますが、現金出納帳は出納係、現金勘定は会計担当者が記入します。同じことを別々に記入することで、記帳の正確性が増します。取引数の多い重要な勘定科目について使われる帳簿です。

　補助元帳は、総勘定元帳の特定の勘定科目の内訳を記入する帳簿で、売掛金（得意先）元帳、買掛金（仕入先）元帳、商品有高帳などがあります。たとえば、総勘定元帳の売掛金勘定の内訳を記入するのが売掛金元帳で、得意先の商店名が勘定科目になり、得意先ごとに増加額、減少額、現在額（残高）を記入します。売掛金元帳のすべての勘定を合計すると、総勘定元帳の売掛金勘定と同じになります。

　これらの補助簿の記入は本書では扱いません。

1 つぎの取引を仕訳帳と総勘定元帳（一部）に記入しなさい。

1/1 現金 30,000 を借り入れた。
  2 仲介手数料 60,000 円を現金で受け取った。
  3 備品 100,000 円を購入し、代金は現金で支払った。
  4 借入金 30,000 円を、利息 300 円とともに現金で返済した。

仕 訳 帳 1

日付	摘　要	元丁	借　方	貸　方

総 勘 定 元 帳

現　金 1

日付	摘　要	仕丁	借　方	日付	摘　要	仕丁	貸　方
1 1	前期繰越	✓	150,000				

備品　　3

日付	摘要	仕丁	借方	日付	摘要	仕丁	貸方

借入金　　12

日付	摘要	仕丁	借方	日付	摘要	仕丁	貸方

受取手数料　　33

日付	摘要	仕丁	借方	日付	摘要	仕丁	貸方

支払利息　　46

日付	摘要	仕丁	借方	日付	摘要	仕丁	貸方

2 つぎの各問の（　　）にあてはまる答えとして、最も適当なものを選択肢から選びなさい。

① 証ひょうは、帳簿の記入するための証拠となる書類で、（　　　）などがある。
【選択肢】 仕訳帳、仕様書、領収書、総勘定元帳、取扱説明書

② 主要簿には、仕訳帳と（　　　）がある。
【選択肢】 試算表、総勘定元帳、損益計算書、貸借対照表、納品書

③ 仕訳帳から総勘定元帳に記入することを、（　　　）という。
【選択肢】 転記、仕訳、振替、集計、繰越

Step 04 現金預金

4-1 現金

　現金とは、一般的には、紙幣や硬貨といった通貨のことをいいますが、簿記では通貨だけではなく、通貨代用証券も現金として扱います。**通貨代用証券**とは、他人振出しの小切手、送金小切手、郵便為替証書、株式配当金領収証、支払期日が到来した利札（クーポン券）などの証券のことをいいます。通貨代用証券は銀行や郵便局などですぐに通貨に交換することができ、さらに通貨と同じように流通させることができるので、簿記では現金として扱います。

当座預金からお金を引き出すときに使う書類だよ。銀行で換金できるよ。現金と当座預金の区別が難しいよ。

ゆうちょ銀行が発行する送金するときなどに使う書類だよ。普通郵便で送金できるよ。金額が決まった定額小為替と自由に設定できる普通為替があるよ。受取人の名前を記入するとその人しか受け取れないよ。

株式会社が株主に配当金（利益の分配金）を支払うときに株主に郵送する書類だよ。ゆうちょ銀行で換金できるよ。

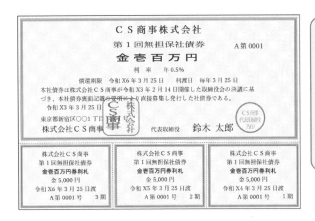

現金の取引は**現金勘定**（資産）で処理します。代金の受取りなどのために通貨や通貨代用証券を受取ったときには現金の増加として現金勘定の借方に記入し、代金の支払いなどのためにそれらを第三者に渡したときには現金の減少として現金勘定の貸方に記入します。これはつぎのように図示できます。

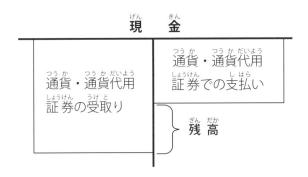

現金受け払いの取引の例を挙げると、つぎのようになります。

① 貸付金の利息300円を現金で受け取った。

（現　　　　　金）　　300　　（受　取　利　息）　　300

② 手数料として、先方が振り出した700円の小切手を受け取った。

（現　　　　　金）　　700　　（受　取　手　数　料）　　800

③ CS産業株式会社から、800円の配当金領収証が郵送されてきた。

（現　　　　　金）　　800　　（受　取　配　当　金）　　800

④ 家賃400円を現金で支払った。

（支　払　家　賃）　　400　　（現　　　　　金）　　400

通貨、他人振出の小切手、株式配当金領収証の受け取りは現金の増加として、現金勘定借方に仕訳されます。支払いは、現金の減少として、現金勘定貸方に仕訳されます。現金勘定（T勘定）に記入すると、つぎのようになります。日付の代わりに取引の番号で示しています。

現 金					
1/1	前期繰越	××	④	支払家賃	400
①	受取利息	300			
②	受取手数料	700			
③	受取配当金	800			

4-2 当座預金

当座預金は銀行と当座取引契約を結ぶことで開設できる無利息の銀行預金です。当座預金から引き出しするときは小切手を使います。小切手に金額を記入して相手に渡すことで、当座預金口座から引き出したことになります。いつ、どこででも引き出すことが可能なので、商品などの購入代金の支払いに便利なため、企業ではよく利用されます。

当座預金の取引は**当座預金勘定**（資産）で処理されます。現金などを預け入れたときは当座預金の増加として当座預金勘定の借方に記入し、引き出しのため小切手を振り出したときに当座預金の減少として当座預金勘定の貸方に記入します。これはつぎのように図示できます。

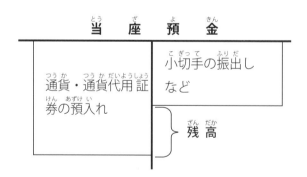

当座預金の取引の例を挙げると、つぎのようになります。

① 当座預金の口座に現金500円を預け入れた。

（当 座 預 金）　　500　　　　（現　　　　金）　　500

② 手数料として、以前当店が振り出した 700 円の小切手を受け取った。

（当　座　預　金）　　　700　　　（受　取　手　数　料）　　　700

③ 家賃 300 円を支払うため、小切手を振り出した。

（支　払　家　賃）　　　300　　　（当　座　預　金）　　　300

　当座預金へ現金などを預け入れたときは当座預金の増加として当座預金勘定の借方に仕訳されます。自分が振り出した小切手（自己振出の小切手）を受け取ったときは、以前に引き出しとして当座預金を減少させたが、戻ってきたことによって引き出しがなかったことになるため、当座預金を増加させます。小切手を振り出したときには当座預金の減少として当座預金勘定の貸方に仕訳します。当座預金勘定には、つぎのように記入されます。

<table>
<tr><th colspan="6" style="text-align:center">当　座　預　金</th></tr>
<tr><td>1/1</td><td>前期繰越</td><td>××</td><td>③</td><td>支払家賃</td><td>300</td></tr>
<tr><td>①</td><td>現金</td><td>500</td><td></td><td></td><td></td></tr>
<tr><td>②</td><td>受取手数料</td><td>700</td><td></td><td></td><td></td></tr>
</table>

memo　小切手は、現金と当座預金に関係します。自分が振り出した小切手（自己振出の小切手）は当座預金として扱いますが、他人が振り出した小切手（他人振出の小切手）は現金として扱います。

	自分が振り出した小切手	他人が振り出した小切手
振り出し（渡し）たとき	当座預金の減少	現金の減少
受け取ったとき	当座預金の増加	現金の増加

4-3 その他の預貯金

当座預金のほかに普通預金、定期預金などの預金と、郵便局（ゆうちょ銀行）や農協・漁協などに開設する通常貯金、定額貯金などがあります。ここでは、普通預金と定期預金についてみてみましょう。

■ 4-3-1 普通預金

普通預金は、銀行の窓口やATMで、通帳やキャッシュカードを使って、自由に預け入れと引き出しができる銀行預金です。給料や代金の受取りや公共料金の支払いなどに利用され、年2回の利息を受け取ることができます。

普通預金の取引は、**普通預金勘定**（資産）で処理されます。現金などを預け入れたり、代金などが振り込まれたときは普通預金の増加として普通預金勘定の借方に記入し、窓口やATMで引き出したり、公共料金などが引き落とされたときに普通預金の減少として普通預金勘定の貸方に記入します。これはつぎのように図示できます。

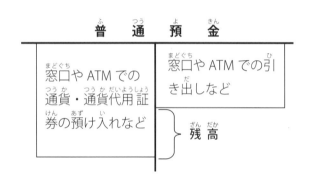

普通預金の取引の例を挙げると、つぎのようになります。

① 普通預金の口座に現金500円を預け入れた。
（普　通　預　金）　500　（現　　　金）　500

② 手数料として、700円が当店の普通預金口座に振り込まれた。
（普　通　預　金）　700　（受　取　手　数　料）　700

③ 電気代400円が普通預金口座から引き落とされた。
（水　道　光　熱　費）　400　（普　通　預　金）　400

普通預金へ現金などを預け入れたときや代金などが振り込まれたときは普通預金の増加として普通預金勘定の借方に仕訳されます。ATMなどで預金を引き出したときや公共料金などが引き落とされたときは普通預金の減少として普通預金勘定の貸方に仕訳します。普通預金勘定にはつぎのように記入されます。

普　通　預　金

1/1	前期繰越	××	③	水道光熱費	400
①	現金	500			
②	受取手数料	700			

■ 4-3-2　定期預金

定期預金は一定期間引き出すことができない預金で、普通預金よりも金利が高く、資金を貯蓄するために利用されます。預入期間は1か月から10年までいろいろあります。当座預金や普通預金が商品代金の受け払いや公共料金の支払いなどに利用されるのに対して、定期預金は余裕資金を貯蓄するために利用されます。

定期預金の取引の例を挙げると、つぎのようになります。

①　普通預金500円を定期預金に預け替えた。

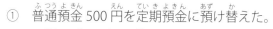

（定　期　預　金）　　500　　　　（普　通　預　金）　　500

②　定期預金800円が満期になったので、利息40円とともに当座預金に預け替えた。

（当　座　預　金）　　840　　　　（定　期　預　金）　　800
　　　　　　　　　　　　　　　　　（受　取　利　息）　　 40

定　期　預　金

1/1	前期繰越	××	②	当座預金	800
①	普通預金	500			

1 つぎの各問の（　　　）にあてはまる答えとして、最も適当なものを選択肢から選びなさい。

① 現金とは通貨と通貨代用証券であるが、（　　　）は通貨代用証券である。
【選択肢】 自己振出の小切手、領収書、郵便切手、社債券、郵便為替証書

② 当座預金は（　　　）を使うことによって、いつでもどこでも引き出しが可能な預金である。
【選択肢】 郵便為替証書、郵便切手、小切手、株式配当金領収証、キャッシュカード

2 つぎの取引を仕訳し、現金勘定に転記しなさい。ただし、勘定科目は最も適当なものを選択肢から選ぶこと。
【選択肢】 現金、当座預金、備品、借入金、受取手数料、受取利息、受取配当金、給料、
通信費、支払家賃、支払利息、支払手数料

1/4 湘南銀行から 1,000 円の現金を借り入れた。

16 代官山商店より手数料 800 円を、同店振り出しの小切手で受け取った。

26 事務用の備品 2,000 円を購入し、代金は現金で支払った。

2/5 借入金の利息 100 円を現金で支払った。

19 CS 商事株式会社から、130 円の株式配当金領収証が届いた。

28 通信費 800 円を現金で支払った。

3/3 貸付金の利息として 300 円の郵便為替証書が送られてきた。

12 自由が丘商店に手数料 500 円を、3 日に受け取った郵便為替証書 300 円と現金 200 円で支払った。

31 手持ちの国債の利札 250 円の支払期日が到来した。

4/8 事務所の家賃 800 円を現金で支払った。

25 給料 400 円を現金で支払った。

		現	金		
1/1	前期繰越	5,000			

3　つぎの取引を仕訳し、当座預金勘定に記入しなさい。ただし、勘定科目は最も適当なものを選択肢から選ぶこと。

【選択肢】　現金、当座預金、貸付金、備品、借入金、受取手数料、支払家賃、支払利息

1/1　湘南銀行と当座取引契約を結び、現金 1,000 円を預け入れた。

6　湘南銀行から 600 円を借入れ、同行の当座預金口座に入金した。

12　備品を購入し、代金は小切手 700 円を振り出して支払った。

17　等々力商店から貸付金 1,000 円の返済のため、同店が振り出した小切手 1,000 円を受取った。

24　17 日に受け取った小切手 1,000 円を当座預金に預け入れた。

29　伊勢原商店から手数料として、当店振出しの小切手 500 円を受取った。

31　家賃 800 円を当座預金から振り込んだ。

当 座 預 金

4　つぎの取引を仕訳しなさい。ただし、勘定科目は最も適当なものを選択肢から選ぶこと。

【選択肢】　現金、当座預金、普通預金、定期預金、貸付金、備品、借入金、受取利息、
受取手数料、受取配当金、支払手数料、通信費、支払家賃、支払利息

① 湘南銀行に、現金 1,000 円を預け入れ、普通預金口座を開設した。

② 自由が丘商店に手数料として、200 円を普通預金から振り込んだ。

③ 湘南銀行から 600 円を借入れ、同行の普通預金口座に入金した。

④ 家賃 500 円を、小切手を振り出して支払った。

⑤ 等々力商店から貸付金の利息 100 円が普通預金口座に振り込まれた。

⑥ 備品を購入し、代金 500 円は普通預金から振り替えて支払った。

⑦ 普通預金から、100 円を定期預金に預け入れた。

⑧ 等々力商店から貸付金 1,000 円の返済のため、現金を受取った。

⑨ CS 商事株式会社から、150 円の株式配当金領収証が届いた。

⑩ 普通預金から、電話代 800 円が引き落とされた。

⑪ 現金 200 円を当座預金に預け入れた。

⑫ 伊勢原商店から手数料として、500 円が当座預金口座に振り込まれた。

Step 05 商品売買 1

5-1 三分法による売買取引の処理

　商企業では、商品を購入（**仕入**）して、これを購入価格よりも高い販売価格で販売（**売上**）することによって、販売価格と購入価格の差額を利益として獲得する商品売買活動を行います。この商品売買取引は、商企業でもっとも頻繁に行われ、商業簿記では最も重要な取引です。商品売買取引はつぎのように図示できます。商品は仕入先から当店へ、そして当店から得意先へ流れ、逆に代金は得意先から当店へ、当店から仕入先へと流れていきます。

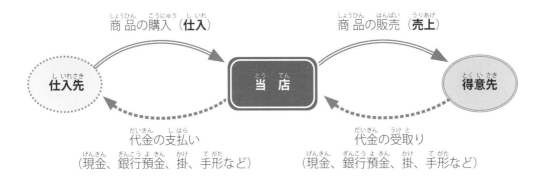

　商品売買を記録するための方法にはいくつかの方法がありますが、最も一般的に用いられるのが、**三分法**です。三分法では、商品売買に関する取引を**仕入勘定**（費用）、**売上勘定**（収益）および**繰越商品勘定**（資産）の３つの勘定を使って仕訳します。

① 仕入勘定 … 商品の購入（仕入）に関する取引を原価で記入します。
② 売上勘定 … 商品の販売（売上）に関する取引を売価で記入します。
③ 繰越商品勘定 … 期首・期末における商品の在高を原価で記入します。

　繰越商品勘定は、前の会計期間の期末から当会計期間の期首に商品を繰り越すために用いられる勘定なので、期首と期末にだけ記帳され、日常的な商品売買取引には使われません。だから、通常の商品売買取引の記帳は仕入勘定と売上勘定の二つを使って記帳されます。

36

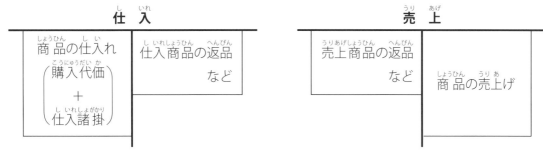

■5-1-1 商品仕入時の処理

　商品を仕入れた（購入した）ときは、仕入勘定の借方に**仕入原価**（取得原価、購入原価、取得価額）で記入します。その際、**仕入諸掛**（引取運賃、保険料、関税などの商品の仕入に際して付随的にかかる費用）は、商品の仕入原価に含めます。

> **商品の仕入原価＝購入代価＋仕入諸掛（引取費用）**

　購入した商品の代金の支払方法によって貸方に仕訳する勘定科目は変わります。商品の代金の支払方法には、現金、普通預金、当座預金、掛（ツケ）、手形などがあります。
　商品の仕入について、いくつかの取引例を挙げてみましょう。

① 商品 1,000 円を現金で購入した。

（仕　　　入）	1,000	（現　　　金）	1,000

② 商品 2,000 円を仕入れ、代金は普通預金から振り込んで支払った。

（仕　　　入）	2,000	（普 通 預 金）	2,000

③ 商品 3,000 円を掛けで仕入れた。

（仕　　　入）	3,000	（買 掛 金）	3,000

④ 商品 4,000 円を掛けで仕入れ、引取費用 500 円を現金で支払った。

（仕　　　入）	4,500	（買 掛 金）	4,000
		（現　　　金）	500

このように商品を仕入れる取引では、借方勘定科目はすべて仕入勘定になります。貸方勘定科目は代金の支払方法によって、現金、普通預金、当座預金、買掛金、受取手形勘定を使い分けます。引取運賃（仕入諸掛）は仕入原価に含められるので、注意してください。

■ 5-1-2　商品売上時の処理

　商品を売上げたときは、売上勘定の貸方に**売価**（販売価格）で記入します。借方の勘定科目はその売上げた商品代金の受取方法によって変わります。商品の代金の受取方法には、現金、普通預金、当座預金、掛（ツケ）、手形などがあります。なお、売価は仕入原価に利益を加えたものです。

　商品の売上について、いくつかの取引例を挙げてみましょう。

① 商品 3,000 円を現金で販売した。

（現　　　　金）　3,000　　　（売　　　上）　3,000

② 商品 4,000 円を売上げ、代金は普通預金に振り込まれた。

（普　通　預　金）　4,000　　　（売　　　上）　4,000

③ 商品 5,000 円を掛けで売上げた。

（売　掛　金）　5,000　　　（売　　　上）　5,000

　売上げた商品を発送するときに発送運賃、保険料、関税などの費用（売上諸掛）を支払った場合には、**発送費勘定**（費用）の借方に仕訳します。発送費 500 円を現金で支払ったという取引例はつぎのように仕訳します。

（発　送　費）　500　　　（現　　　金）　500

　このように商品を販売する取引では、貸方勘定科目はすべて売上勘定になります。借方勘定科目は代金の受取方法によって、現金、普通預金、当座預金、売掛金、支払手形勘定を使い分けます。発送費（売上諸掛）は費用の増加として、発送費勘定の借方に記入します。

5-2 売掛金、買掛金

　商品売買において最も重要な代金の決済の方法は、掛けです。掛けはいわゆるツケで、一定期日後に代金の決済をする約束で商品売買をするときに発生する債権・債務です。商品を掛けで売上げたことによって発生する債権を**売掛金**、商品を掛けで仕入れたことによって発生する債務を**買掛金**といい、それぞれ**売掛金勘定**（資産）と**買掛金勘定**（負債）で処理します。

売　掛　金	
掛による売上げ	掛代金の回収
	掛売上商品の返品
	など

買　掛　金	
掛代金の支払	掛による仕入れ
掛仕入商品の返品	
など	

　買掛金と売掛金に関する取引の例を挙げると、つぎのようになります。

① 商品 1,000 円を掛けで仕入れた。
　　（仕　　　　入）　1,000　　　（買　掛　金）　1,000

② 買掛金 500 円を現金で支払った。
　　（買　掛　金）　500　　　（現　　　金）　500

③ 商品 2,000 円を掛けで売上げた。
　　（売　掛　金）　2,000　　　（売　　上）　2,000

④ 売掛金 800 円を現金で受け取った。
　　（現　　　金）　800　　　（売　掛　金）　800

　掛仕入をしたときは買掛金勘定の貸方に仕訳し、買掛金の代金を支払ったときは買掛金勘定の借方に仕訳します。掛売上をしたときは売掛金勘定の借方に仕訳し、売掛金の代金を受け取ったときは売掛金勘定の貸方に仕訳します。

Step 05　商品売買1 | **39**

1 つぎの各問の（　　）にあてはまる答えとして、最も適当なものを選択肢から選びなさい。
【選択肢】　現金、当座預金、売掛金、繰越商品、買掛金、売上、仕入、三分法、仕入原価、
　　　　　仕入諸掛、売価、売上諸掛、借方、貸方

① （　　　　）は、商品売買に関する取引を仕入勘定、売上勘定および繰越商品勘定の3
　つの勘定を使って仕訳する方法である。
② 商品を掛けで売上げたことによって発生する債権を（　　　　）という。
③ 商品を仕入れたときは、仕入勘定に購入代価に仕入諸掛を加えた（　　　　）で記入す
　る。
④ 売上げた商品を発送するときに支払う発送運賃、保険料、関税などの費用を（　　　　）
　という。
⑤ 商品を売上げたときは、売上勘定の（　　　　）に売価で記入する。

2 つぎの取引を仕訳しなさい。ただし、勘定科目は最も適当なものを選択肢から選ぶこと。
【選択肢】　現金、当座預金、売掛金、買掛金、売上、仕入、発送費

① 自由が丘商店から商品 50,000 円を仕入れ、代金は現金で支払った。
② 伊勢原商店に商品 60,000 円を販売し、代金は現金で受け取った。
③ 大山商店に商品 40,000 円を販売し、代金は同店振出しの小切手で受け取った。
④ 代官山商店から商品 30,000 円を仕入れ、代金は引取運賃 2,000 円とともに現金で支
　払った。
⑤ 海老名商店に商品 30,000 円を販売し、代金は当店の当座預金口座に振込まれた。
⑥ 恵比寿商店から商品 40,000 円を仕入れ、代金は小切手を振出して支払った。
⑦ 等々力商店から商品 70,000 円を仕入れ、代金は月末に支払う約束である。
⑧ 伊勢原商店に商品 80,000 円を、代金は月末に受け取る約束で販売した。
⑨ 自由が丘商店から商品 60,000 円を仕入れ、代金は掛とした。なお、引取運賃 3,000 円
　を、小切手を振出して支払った。
⑩ 大山商店に商品 50,000 円を、掛で販売した。なお、当店負担の発送運賃 1,000 円を現
　金で支払った。

3 つぎの取引を仕訳しなさい。ただし、勘定科目は最も適当なものを選択肢から選ぶこと。

【選択肢】 現金、当座預金、普通預金、売掛金、繰越商品、買掛金、売上、仕入、発送費

① 代官山商店に商品 50,000 円を販売し、代金は同店振り出しの小切手で受け取った。

② 伊勢原商店から商品 30,000 円を掛けで仕入れた。

③ 代官山商店に商品 40,000 円を販売して代金は掛とした。

④ 代官山商店に対する売掛金のうち 20,000 円を当店振り出しの小切手で受け取った。

⑤ 自由が丘商店に商品 60,000 円を販売し、代金は掛けとした。なお、発送運賃 3,000 円を現金で支払った。

⑥ 等々力商店から商品 30,000 円を仕入れ、代金は掛けとした。なお、引取運賃 5,000 円は現金で支払った。

⑦ 自由が丘商店に対する売掛金のうち 30,000 円が、普通預金に振り込まれた。

⑧ 等々力商店に対する買掛金のうち 25,000 円を、小切手を振り出して支払った。

⑨ 自由が丘商店に商品 20,000 円を販売し、代金は普通預金に振り込まれた。なお、発送費 1,000 円を現金で支払った。

⑩ 等々力商店から商品 10,000 円を仕入れ、引取費用 1,000 円とともに、現金で支払った。

Step 06 商品売買 2

6-1 仕入および売上の返品

　購入した（仕入れた）商品を汚損や品違いのため、商品を仕入先に返品することがあります。仕入れた商品を仕入先に返品することを**仕入戻し**といいます。逆に、販売した（売上げた）商品が汚損や品違いのため、商品が得意先（販売先）から返品されることがあります。売上げた商品が得意先から返品されることを**売上戻り**といいます。

■ 6-1-1　仕入戻しの処理

　仕入戻しは、仕入原価の減少として、仕入勘定の貸方に記入します。通常、商品を購入したときの仕訳を、返品した商品の仕入原価の金額分だけ、貸借を逆に仕訳します。仕入戻し時の仕訳の例を挙げると、つぎのようになります。

① 掛けで仕入れた商品 500 円を品違いのため仕入先に返品した。
　（買　　掛　　金）　　500　　　　　（仕　　　　　入）　　500

② 昨日仕入れた商品（現金で 1,000 円、掛けで 4,000 円支払済み）を汚損のため 1,000 円分を返品した。
　（買　　掛　　金）　1,000　　　　　（仕　　　　　入）　1,000

　掛け以外で仕入れた場合は少し複雑になりますので、ここでは省略します。複数の代金支払方法で仕入れた場合で掛仕入が含まれている場合は、掛けの部分を貸借逆仕訳します（上記②）。

■ 6-1-2　売上戻りの処理

　売上戻りは、売上金額の減少として、売上勘定の借方に記入します。通常、商品を販売したときの仕訳を、返品された商品に売上金額分だけ、貸借を逆に仕訳します。売上戻り時の仕訳の例を挙げると、つぎのようになります。

① 掛けで販売した商品 800 円が汚損のため得意先から返品された。

| (売 上) | 800 | (売 掛 金) | 800 |

② 以前販売した商品（現金で 1,000 円、掛けで 7,000 円受取済み）が、品違いのため 3,000 円分が返品された。

| (売 上) | 3,000 | (売 掛 金) | 3,000 |

掛け以外で販売した場合は少し複雑になりますので、ここでは省略します。複数の代金受取方法で販売した場合で掛売上が含まれている場合は、掛けの部分を貸借逆仕訳します（上記②）。

6-2 まとめ

ここまでの商品売買取引をまとめて仕訳して、総勘定元帳（Ｔ勘定）へ記帳する練習をしてみましょう。

問 題

つぎの取引を仕訳し、総勘定元帳に転記しなさい。

1/1　等々力商店から、商品 80,000 円を掛けで仕入れ、引取費用 2,500 円を現金で支払った。

2　大山商店へ商品 90,000 円を掛けで販売し、売上諸掛 3,000 円を現金で支払った。

3　青葉台商店から商品 20,000 円を掛けで仕入れた。

4　青葉台商店から 3 日に仕入れた商品 2,000 円を返品した。

5　厚木商店へ商品 50,000 円を掛けで販売した。

6　厚木商店へ 5 日に販売した商品 10,000 円が返品された。

7　売掛金 70,000 円を現金で回収した。

8　買掛金 60,000 円を現金で支払った。

現金（げんきん）

1/1 前期繰越（ぜんきくりこし）	50,000		

買掛金（かいかけきん）

		1/1 前期繰越（ぜんきくりこし）	30,000

売掛金（うりかけきん）

1/1 前期繰越（ぜんきくりこし）	20,000		

仕入（しいれ）

売上（うりあげ）

発送費（はっそうひ）

解答（かいとう）

仕訳（しわけ）

	借方	金額	貸方	金額
1/1	（仕入）	82,500	（買掛金）	80,000
			（現金）	2,500
2	（売掛金）	90,000	（売上）	90,000
	（発送費）	3,000	（現金）	3,000
3	（仕入）	20,000	（買掛金）	20,000
4	（買掛金）	2,000	（仕入）	2,000
5	（売掛金）	50,000	（売上）	50,000
6	（売上）	10,000	（売掛金）	10,000
7	（現金）	70,000	（売掛金）	70,000
8	（買掛金）	60,000	（現金）	60,000

現　　金			
1/1 前期繰越	50,000	1/1 仕入	2,500
7 売掛金	70,000	2 発送費	3,000
		8 買掛金	60,000

買　掛　金			
1/4 仕入	2,000	1/1 前期繰越	30,000
8 現金	60,000	〃 仕入	80,000
		3 〃	20,000

売　掛　金			
1/1 前期繰越	20,000	1/6 売上	10,000
2 売上	90,000	7 現金	70,000
5 〃	50,000		

仕　入			
1/1 諸口	82,500	1/4 買掛金	2,000
3 買掛金	20,000		

売　上			
1/6 売掛金	10,000	1/2 売掛金	90,000
		5 〃	50,000

発　送　費			
1/2 現金	3,000		

6-3 クレジット売掛金

　クレジットカードを使って、商品を販売することができます。この場合、信販会社から後日、手数料が差し引かれた代金を受け取れる権利が発生します。この権利を、**クレジット売掛金**といいます。**クレジット売掛金勘定**は資産の勘定で、カードを使って販売したときに増加するので、借方に仕訳し、代金を受け取ったときに減少するので、貸方に仕訳します。クレジット売掛金の取引の例を挙げると、つぎのとおりです。

①　クレジット払いの条件で商品 5,000 円を販売した。なお、信販会社への手数料は 150 円で販売時に計上する。

（クレジット売掛金）	4,850	（売　　　　上）	5,000
（支　払　手　数　料）	150		

②　上記①の代金が信販会社から、当座預金の口座に振り込まれた。

（当　座　預　金）	4,850	（クレジット売掛金）	4,850

クレジット払いで商品を販売したときはクレジット売掛金勘定の借方に仕訳し、クレジット売掛金の代金を受け取ったときはクレジット売掛金勘定の貸方に仕訳します。クレジット払いの場合は信販会社に対して一定の手数料を支払うことに注意してください。

6-4 前払金、前受金

　商品の売買契約をするとき、その契約を確実なものとするために、商品の引渡前に、代金の一部を内金あるいは手付金として授受することがあります。このとき発生する債権を前払金、債務を前受金といいます。手付金は法的根拠のあるもので、内金にはそれがありません。手付金は買主の都合で解約する場合違約金として差し出すことになり、売主の都合で解約する場合倍額を支払わなければなりません。内金も手付金も、簿記上の処理は同じです。

■ 6-4-1 前払金

　前払金は、商品を仕入れるときにその代金の一部または全部を内金または手付金としてあらかじめ支払った場合に発生する債権で、その支払額に相当する商品の引渡しを求める権利のことをいいます。このとき前払金勘定（資産）で処理して、内金または手付金をあらかじめ支払ったときは前払金の増加として借方に記入し、注文した商品を受け取ったときは前払金の減少として貸方に記入します。前渡金勘定（資産）を用いることもあります。
　内金や手付金を支払う商品仕入取引の例を挙げると、つぎのようになります。

① 商品 5,000 円を購入する契約をし、内金として 500 円を現金で支払った。

（前　払　金）	500	（現　　　金）	500

② 契約した商品が納品され、代金のうち 500 円は契約時に支払った内金で充当し、残額は掛けとした。

（仕　　　入）	5,000	（前　払　金）	500
		（買　掛　金）	4,500

■ 6-4-2 前受金

　前受金は、商品を販売するときにその代金の一部または全部を内金または手付金としてあらかじめ受け取った場合に発生する債務で、その受取額に相当する商品を引き渡さなければならない義務のことをいいます。このとき前受金勘定（負債）で処理して、内金または手付金を受け取ったときは前受金の増加として貸方に記入し、商品を引き渡したときは前受金の減少として借方に記入します。

内金や手付金を受け取る商品売上取引の例を挙げると、つぎのようになります。

① 商品 8,000 円を販売する契約をし、内金として 800 円を現金で受け取った。

（現　　　　金）　　　800　　　（前　受　金）　　　800

② 契約した商品を納品し、代金のうち 800 円は契約時に受け取った内金を充当し、残額は掛けとした。

（前　受　金）　　　800　　　（売　　　上）　　　8,000
（売　掛　金）　　7,200

練 習 問 題

1 つぎの各問の（　　）にあてはまる答えとして、最も適当なものを選択肢から選びなさい。

【選択肢】　売掛金、クレジット売掛金、前払金、買掛金、前受金、内金、手付金、売上、
　　　　　売上戻り、仕入、仕入戻し、仕入諸掛

① 仕入れた商品を仕入先に返品することを（　　　）という。
② 売上げた商品が得意先から返品されることを（　　　）という。
③ クレジットカードを使って商品を販売する場合に発生する代金を受け取る権利を（　　　）という。
④ 商品を仕入れるときに内金または手付金としてあらかじめ支払った場合に発生する債権を（　　　）という。
⑤ 商品を販売するときに内金または手付金としてあらかじめ受け取った場合に発生する債務を（　　　）という。

2 つぎの取引を仕訳しなさい。ただし、勘定科目は最も適当なものを選択肢から選ぶこと。

【選択肢】　現金、当座預金、売掛金、クレジット売掛金、前払金、買掛金、前受金、売上、
　　　　　仕入、発送費、支払手数料

① 等々力商店から、商品 10,000 円を掛けで仕入れ、引取費用 500 円を現金で支払った。
② ①で等々力商店から仕入れた商品のうち 2,000 円分を返品した。
③ 大山商店へ商品 30,000 円を掛けで販売し、売上諸掛 1,000 円を現金で支払った。
④ ③で大山商店に販売した商品のうち 5,000 円分が返品された。

⑤　商品 20,000 円をクレジット払いの条件で販売した。なお、信販会社への手数料 600 円は販売時に計上する。

⑥　⑤の代金が信販会社から、当社の当座預金口座に振り込まれた。

⑦　青葉台商店から商品 50,000 円を仕入れる契約をし、手付金として 5,000 円を現金で支払った。

⑧　青葉台商店から契約した商品が納品され、契約時に支払った手付金は代金として充当し、残額は掛けとした。

⑨　厚木商店へ商品 80,000 円を販売する契約をし、内金として 10,000 円が当座預金口座に振り込まれた。

⑩　厚木商店へ契約した商品を納品し、契約時に受け取った内金は代金として充当し、残額は掛けとした。

3　つぎの取引を仕訳しなさい。ただし、勘定科目は最も適当なものを選択肢から選ぶこと。

【選択肢】　現金、当座預金、普通預金、売掛金、クレジット売掛金、前払金、繰越商品、
買掛金、前受金、売上、仕入、発送費、支払手数料

①　商品 30,000 円を仕入れる契約をし、内金として 3,000 円を現金で支払った。

②　商品 20,000 円を掛けで仕入れ、引取費用 500 円を現金で支払った。

③　商品 10,000 円をクレジット払いの条件で販売した。なお、信販会社への手数料 300 円は販売時に計上する。

④　商品 50,000 円を掛けで販売した。

⑤　②で仕入れた商品のうち 2,000 円分を返品した。

⑥　商品 40,000 円を販売する契約をし、内金として 10,000 円が普通預金口座に振り込まれた。

⑦　④で販売した商品のうち 5,000 円分が返品された。

⑧　③の代金が信販会社から、当社の普通預金口座に振り込まれた。

⑨　①で契約した商品が納品され、契約時に支払った内金は代金として充当し、小切手を振り出して支払った。

⑩　⑥で契約した商品を納品し、契約時に受け取った内金は代金として充当し、残額は掛けとした。

⑪　以前クレジット払いで販売した商品の代金 29,100 円（手数料控除済）が、信販会社から当座預金口座に振り込まれた。

⑫　商品を仕入れる契約をし、手付金 10,000 円を小切手を振り出して支払った。

⑬　⑫で契約した商品が届いたので、手付金は代金として充当し、残額 60,000 円は掛けとした。

⑭ 商品を販売する契約をし、手付金 20,000 円を先方振出の小切手で受け取った。

⑮ ⑭ で契約した商品を発送し、手付金は代金として充当し、残額 70,000 円は掛けとした。

4 つぎの取引を仕訳しなさい。ただし、勘定科目は最も適当なものを選択肢から選ぶこと。

① 新宿商店から商品 50,000 円を仕入れ、代金は掛けとした。なお、この商品には、内金として 5,000 円が現金で支払ってあるので、代金の一部として充当した。
【選択肢】 現金、売掛金、前払金、買掛金、前受金、仕入

② 岐阜商店に商品 90,000 円を売り渡し、代金のうち 10,000 円は岐阜商店が振り出した小切手で受け取り、残額は掛けとした。
【選択肢】 現金、当座預金、売掛金、未収入金、買掛金、売上

③ 愛知商店から掛けで仕入れた商品 60,000 円のうち 10,000 円を品質不良のため返品し、代金は買掛金から差し引くことにした。
【選択肢】 現金、当座預金、売掛金、買掛金、仕入、売上

④ 大阪商店に対する掛け代金 30,000 円を、先方振出の小切手 20,000 円と当店振出の小切手 10,000 円で受け取った。
【選択肢】 現金、当座預金、売掛金、未収入金、買掛金、未払金

⑤ 秋田商店に商品 100,000 円を注文し、内金として 10,000 円を、小切手を振り出して支払った。
【選択肢】 現金、当座預金、前払金、買掛金、未払金、仕入

⑥ 商品 40,000 円をクレジット払いの条件で販売した。なお、信販会社への手数料 1,200 円は販売時に計上する。
【選択肢】 売掛金、クレジット売掛金、仕入、支払手数料、売上、受取手数料

⑦ 品川商店に掛けで販売した商品 70,000 円のうち 20,000 円が品質不良のため返品された。
【選択肢】 当座預金、売掛金、買掛金、仕入、雑損、売上

7-1 手形とは

　商品売買代金の受取り・支払いのためには、現金や当座預金、売掛金・買掛金が利用されますが、この他に手形を利用することもあります。手形は支払期日、支払場所、支払金額などを明記した書類で、商品代金の受取り・支払いのために利用したり、金銭貸借のために利用したりします。

　法律で規制されていて種類がありますが、約束手形を覚えてください。**約束手形**とは、振出人（支払人）が受取人（名宛人）に対して、一定の期日に一定の金額を支払うことを約束した証券のことをいいます。約束手形の例を挙げるとつぎのようになります。

鈴木商店（振出人）が田中商店（受取人）に500,000円を12月26日に支払うことを約束しているよ。

7-2 手形の振出、支払

　約束手形は振り出したときに手形債務の増加として**支払手形勘定**（負債）の貸方に記入し、手形代金を支払ったときに手形債務の減少として借方に記入します。支払手形勘定は営業取引から発生する手形債務を処理する勘定です。

　支払手形の取引の例を挙げると、つぎのようになります。

① 　商品 1,000 円を仕入れ、代金は約束手形を振り出して支払った。

　　　（仕　　　　　入）　　　　 1,000　　　　　（支　払　手　形）　　　　　1,000

② 　買掛金 500 円を、約束手形を振り出して支払った。

　　　（買　　掛　　金）　　　　　500　　　　　（支　払　手　形）　　　　　 500

③ 　支払期日が到来したので、上記①の手形代金を現金で支払った。

　　　（支　払　手　形）　　　　 1,000　　　　　（現　　　　　金）　　　　　1,000

　仕入代金や買掛金の支払いとして約束手形を振り出したときは手形債務が発生（増加）するので、支払手形勘定の貸方に記入します。支払期日になって支払ったときは手形債務が消滅（減少）するので、支払手形勘定の借方に記入します。

商品の代金として、あるいは売掛金の代金として手形を受け取ったときに手形債権の増加として**受取手形勘定**（資産）の借方に記入し、手形代金を受け取った時などに手形債権の減少として貸方に記入します。受取手形勘定は営業取引から発生する手形債権を処理する勘定です。

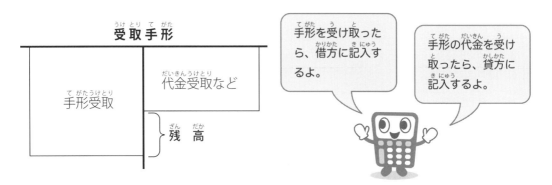

受取手形

手形受取	代金受取など
	残 高

手形を受け取ったら、借方に記入するよ。

手形の代金を受け取ったら、貸方に記入するよ。

受取手形の取引の例を挙げると、つぎのようになります。

① 商品 2,000 円を販売し、代金は得意先が振り出した約束手形を受け取った。
（受　取　手　形）　　　2,000　　　　（売　　　　上）　　　2,000

② 売掛金 1,000 円の代金を、得意先が振り出した約束手形で受け取った。
（受　取　手　形）　　　1,000　　　　（売　　掛　　金）　　　1,000

③ 上記①の約束手形の支払期日が到来し、代金として先方振出の小切手を受け取った。
（現　　　　金）　　　2,000　　　　（受　取　手　形）　　　2,000

　　売上代金や売掛金の受け取りとして約束手形を受け取ったときは手形債権が発生（増加）するので、受取手形勘定の借方に記入します。支払期日になって手形代金を受け取ったときは手形債権が消滅（減少）するので、受取手形勘定の貸方に記入します。

> **memo** 約束手形を使って商品売買したり、売掛金や買掛金の代金受け払いに使ったりすると、代金の受け払い期間を延長したり、債権・債務をほかの人に譲渡したりすることができます。また、手形を割り引くことによって、期日前に換金することもできます。この処理の仕方はここでは学習しません。

手形という証券を使う代わりとして、債権と債務を電子化して記録する方法もあります。この時、電子化した債権を**電子記録債権**、債務を**電子記録債務**といい、**電子記録債権勘定**（資産）と**電子記録債務勘定**（負債）に記入します。手形と同じ働きを電子記録という方法で行うもので、電子記録債権は受取手形、電子記録債務は支払手形と考えるとわかりやすいでしょう。売掛金や買掛金などの債権・債務を電子記録することによって、第三者に譲り渡したり、支払期日前に換金したりすることが可能になります。

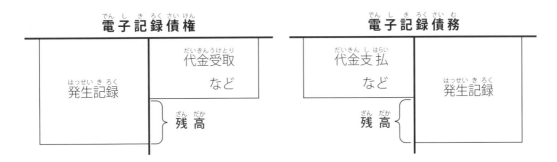

電子記録債権・債務の取引の例を挙げると、つぎのようになります。

① 買掛金 1,000 円の支払いのため、電子債権記録機関に債務の発生記録を行った。

債務者側	（買　　掛　　金）	1,000	（電子記録債務）	1,000
債権者側	（電子記録債権）	1,000	（売　　掛　　金）	1,000

② 電子記録債権の支払期日が来たので、当座預金口座から相手の当座預金口座に振り込んだ。

債務者側	（電子記録債務）	1,000	（当　座　預　金）	1,000
債権者側	（当　座　預　金）	1,000	（電子記録債権）	1,000

買掛金などの代金の支払いとして電子記録債務の発生記録をすると、電子記録債務が増加するので、電子記録債務勘定の貸方に記入し、支払ったときには電子記録債務勘定の借方に記入します。これに対して、売掛金などの代金の受け取りとして電子記録債権の発生記録がされると、電子記録債権が増加するので、電子記録債権勘定の借方に記入し、代金を受け取ったときには電子記録債権勘定の貸方に記入します。

memo 電子記録債権・債務は、債権者または債務者が電子債権記録機関に発生記録の請求を行って、発生の記録がされることによって発生します。債権者側は電子記録債権、債務者側は電子記録債務で処理します。これによって手形と同じ効果が得られます。さらに紛失や盗難の危険がなくなり、印紙税も節約できます。ここでは発生と消滅を覚えてください。

練習問題

1 つぎの各問の（　　）にあてはまる答えとして、最も適当なものを選択肢から選びなさい。

【選択肢】 受取手形、売掛金、電子記録債権、前払金、支払手形、買掛金、電子記録債務、前受金、売上、仕入、約束手形、小切手、通貨代用証券

① （　　）とは、振出人（支払人）が受取人（名宛人）に対して、一定の期日に一定の金額を支払うことを約束した証券のことをいう。

② 約束手形を振り出したときには、（　　）勘定の貸方に記入する。

③ 約束手形を受け取ったときには、（　　）勘定の借方に記入する。

④ 売掛金を電子記録した債権を（　　）といい、これによりこの債権を第三者に譲渡したり、支払期日前に換金したりすることが可能になる。

⑤ 買掛金を電子記録した債務を（　　）という。

2 つぎの取引を仕訳しなさい。ただし、勘定科目は最も適当なものを選択肢から選ぶこと。

【選択肢】 現金、当座預金、普通預金、受取手形、売掛金、電子記録債権、支払手形、買掛金、電子記録債務、売上、仕入

① 等々力商店に商品 10,000 円を販売し、代金として同店が振り出した約束手形を受け取った。

② 代官山商店から売掛金 50,000 円の支払いとして、同店が振り出した約束手形を受け取った。

③ ①で受け取った約束手形の期日が到来したので、普通預金口座に振り込まれた。

④ ②で受け取った約束手形の代金として、先方振出の小切手を受け取った。

⑤ 大山商店から商品 30,000 円を仕入れ、代金は約束手形を振り出して支払った。

54

⑥ 厚木商店の買掛金 40,000 円の支払いとして、約束手形を振り出して渡した。

⑦ ⑤で振り出した約束手形の代金を、小切手を振り出して支払った。

⑧ ⑥で振り出した約束手形の支払期日になったので、普通預金口座から振り替えて支払った。

⑨ 大山商店の買掛金 50,000 円の支払いのため、電子債権記録機関に債務の発生記録を行った。

⑩ 等々力商店から売掛金 20,000 円について、電子債権記録機関に債務の発生記録をしたとの連絡があった。

⑪ ⑨で発生記録した債務を、小切手を振り出して支払った。

⑫ ⑩の債権の代金を、先方振出の小切手で受け取った。

3 つぎの取引を仕訳しなさい。ただし、勘定科目は最も適当なものを選択肢から選ぶこと。

【選択肢】 現金、当座預金、普通預金、受取手形、売掛金、電子記録債権、支払手形、
買掛金、電子記録債務、売上、仕入

① 等々力商店へ商品 30,000 円を販売し、代金として同店が振り出した約束手形を受け取った。

② 代官山商店から売掛金 40,000 円の支払いとして、同店が振り出した約束手形を受け取った。

③ 大山商店から商品 20,000 円を仕入れ、代金は約束手形を振り出して支払った。

④ 厚木商店の買掛金 50,000 円の支払いとして、約束手形を振り出して渡した。

⑤ 商品の代金として受け取った約束手形 30,000 円の期日が到来したので、当座預金口座に振り込まれた。

⑥ 売掛金の代金として受け取った約束手形 40,000 円の代金が、普通預金口座に振り込まれた。

⑦ 商品代金 20,000 円の支払いのため振り出した約束手形の代金を、小切手を振り出して支払った。

⑧ 買掛金 50,000 円の支払いのため振り出した約束手形の支払期日になったので、普通預金口座から振り替えて支払った。

⑨ 大山商店の買掛金 70,000 円の支払いのため、電子債権記録機関に債務の発生記録を行った。

⑩ 等々力商店から売掛金 90,000 円について、電子債権記録機関に債務の発生記録をしたとの連絡があった。

⑪ 電子債権記録機関に発生記録した債務 70,000 円を、小切手を振り出して支払った。

⑫ 電子債権記録機関に発生記録された債権 90,000 円の代金が、当座預金口座に振り込まれた。

Step 08 その他の債権・債務

8-1 貸付金と借入金

　借用証書を使って金銭を貸したとき発生する債権を**貸付金**、借りたときに発生する債務を**借入金**といいます。

　得意先、役員、従業員などに金銭を貸し付けたときは、債権の増加として**貸付金勘定**（資産）の借方に記入し、返済を受けたときは債権の減少として貸方に記入します。

　これに対して、金融機関や他企業などから金銭を借りたときは、債務の増加として**借入金勘定**（負債）の貸方に記入し、これを返済したときは債務の減少として借方に記入します。

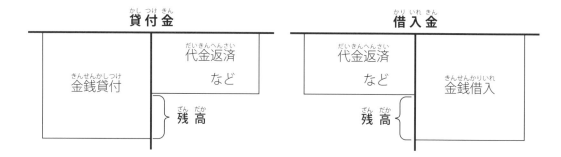

　貸付金と借入金の取引の例を挙げると、つぎのようになります。

① 東京商店は大阪商店に現金 1,000 円を貸し付けた。

東京商店	（貸 付 金）	1,000	（現　　金）	1,000
大阪商店	（現　　金）	1,000	（借 入 金）	1,000

② 返済期日が来たので利息 100 円とともに、大阪商店から先方振出の小切手 1,100 円を受け取った。

東京商店	（現　　金）	1,100	（貸 付 金）	1,000
			（受 取 利 息）	100
大阪商店	（借 入 金）	1,000	（当 座 預 金）	1,100
	（支 払 利 息）	100		

金銭を貸し付けたときには金銭債権が発生（増加）するので貸付金勘定の借方に記入し、返済を受けたときには金銭債権が消滅（減少）するので貸付金勘定の貸方に記入します。これに対して、金銭を借り入れた時には金銭債務が発生（増加）するので借入金勘定の貸方に記入し、返済した時には金銭債務が消滅（減少）するので借入金勘定の借方に記入します。

8-2　未収入金と未払金

　営業活動（商品売買）から発生する代金の未回収額は売掛金、未払額は買掛金といいますが、営業活動以外の取引で発生する代金の未回収額は**未収入金**、未払額は**未払金**といって、売掛金・買掛金とは区別します。

　建物や備品など、商品以外の物品やサービスを売却して代金を後日受取ることにした場合、その代金は**未収入金勘定**（資産）で処理します。未収入金が発生した場合は、その未収入額を債権の増加として未収入金勘定の借方に記入し、それを回収した場合は、債権の減少として貸方に記入します。

　これに対して、商品以外の物品やサービスを購入して代金を後日支払うことにした場合、その代金は**未払金勘定**（負債）で処理します。未払金が発生した場合は、その未払額を債務の増加として未払金勘定の貸方に記入し、それを支払った場合は、債務の減少として借方に記入します。

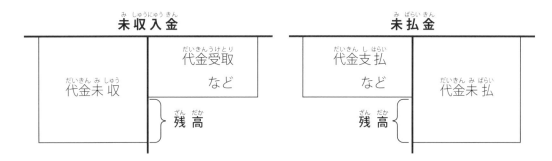

　未収入金と未払金の取引の例を挙げると、つぎのようになります。

①　当店所有の備品（帳簿価額 2,000 円）を取引先に 2,000 円で売却し、代金は月末に受け取ることにした。取引先ではこの備品を事務用に利用する予定である。

当　店　（未　収　入　金）　2,000　　　　　（備　　　品）　2,000
取引先　（備　　　品）　2,000　　　　　（未　払　金）　2,000

② 上記①の支払いとして、先方振出の小切手を受け取った。

当店　（現　　　　金）　2,000　　（未 収 入 金）　2,000

取引先　（未 払 金）　2,000　　（当 座 預 金）　2,000

③ 販売店から備品 1,000 円を購入し、代金は月末支払うことにした。

当店　（備　　　　品）　1,000　　（未 払 金）　1,000

販売店　（売 掛 金）　1,000　　（売　　　　上）　1,000

　備品などの固定資産を売却して代金の受け取りを後日にすると債権が発生するので、未 収 入 金勘定の借方に記入し、代金を受け取ったときに債権が消滅するので未 収 入 金勘定の貸方に記入します。逆に、備品などの固定資産を購入して代金の支払いを後日にすると債務が発生するので、未 払 金勘定の貸方に記入し、代金を支払ったときに債務が消滅するので、未 払 金勘定の借方に記入します。③のような場合、当店は商品以外のものを購入しているので未 払 金になりますが、相手の販売店は商品を販売しているので、売掛金になります。

> memo　売掛金と買掛金、未 収 入 金と未 払 金を区別して覚えてください。商品の代金の未収、未払いは売掛金、買掛金を使い、商品でないものの代金の未収、未払いは未 収 入 金、未 払 金を使います。

8-3　立替金と預り金

　得意先や従業員に対して一時的に金銭の立替えをした場合、相手方に対して金銭を請求することができる権利（債権）を**立替金**といいます。たとえば得意先に対して運送費用を一時的に立替えたり、従業員に給料を前貸ししたりしたときは、債権の増加として**立替金勘定**（資産）の借方に記入し、返済を受けたときは減少として貸方に記入します。

　また、従業員や役員などから一時的に金銭を預かったときに発生する債務を**預り金**といいます。たとえば給料を支払うときに、従業員から源泉所得税や社会保険料を預ったり、さらには個人の生命保険料や積立金などを預かったりすることがあります。これらの金銭を預かったときは債務の増加として**預り金勘定**（負債）の貸方に記入し、納付（返済）したときは減少として借方に記入します。

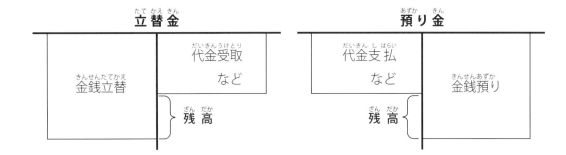

立替金と預り金の取引の例を挙げると、つぎのようになります。

① 従業員に対して、給料の前貸しとして100円を現金で支給した。

（立　替　金）　　　100　　　（現　　　金）　　　100

② 給料支払いに際して、前貸しした100円と源泉所得税200円を差し引き、現金1,700円を支給した。

（給　　　料）　　2,000　　　（立　替　金）　　　100
　　　　　　　　　　　　　　　（預　り　金）　　　200
　　　　　　　　　　　　　　　（現　　　金）　　1,700

③ 従業員から預かった源泉所得税200円を税務署に現金で納付した。

（預　り　金）　　　100　　　（現　　　金）　　　100

　従業員に給料の前貸しをしたり、商品の発送費を立て替えたりしたときは、債権の発生として立替金勘定の借方に記入し、返済を受けたときは債権の消滅として貸方に記入します。源泉所得税や健康保険料を源泉徴収したときは債務の発生として預り金勘定の貸方に記入し、納付したときは債務の消滅として借方に記入します。

> **memo** 立替金は、従業員や役員に対しての場合には得意先に対する場合と区別して、従業員立替金、役員立替金を使うことがあります。
> 預り金は、何のために預かったのか分かるように、所得税預り金、社会保険料預り金などを使うことがあります。

8-4 仮払金（かりばらいきん）と仮受金（かりうけきん）

　金銭（きんせん）を支払（しはら）うときにその支出（ししゅつ）の正確（せいかく）な金額（きんがく）や該当（がいとう）する科目（かもく）が分（わ）からないような場合（ばあい）、この金額（きん）や科目（がく）が不確定（かもく）な支出（ふかくてい）を**仮払金**（ししゅつ）（かりばらいきん）といい、金銭（きんせん）を受取（うけと）ったとき、その収入（しゅうにゅう）の理由（りゆう）が分（わ）からないような場合（ばあい）、この不確定（ふかくてい）な収入（しゅうにゅう）を**仮受金**（かりうけきん）といいます。

　たとえば従業員（じゅうぎょういん）が出張（しゅっちょう）する場合（ばあい）、旅費（りょひ）などを概算額（がいさんがく）で支払（しはら）ったときには、いったん**仮払金勘定**（かりばらいきん）（かんじょう）（資産）（しさん）の借方（かりかた）に記入（きにゅう）し、後（あと）で精算（せいさん）して金額（きんがく）や勘定科目（かんじょうかもく）が確定（かくてい）したときに貸方（かしかた）に記入（きにゅう）します。これに対（たい）して、金銭（きんせん）を受取（うけと）ったにもかかわらず、その理由（りゆう）が分（わ）からないため適当（てきとう）な勘定科目（かんじょうか）で処理（もくしょり）できない場合（ばあい）には、一時的（いちじてき）に**仮受金勘定**（かりうけきんかんじょう）（負債）（ふさい）の貸方（かしかた）に記入（きにゅう）し、後（あと）でその理由（りゆう）が判明（はんめい）したときに借方（かりかた）へ記入（きにゅう）して該当（がいとう）する勘定（かんじょうしゅうせい）に修正します。

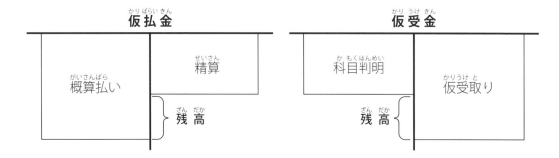

　仮払金（かりばらいきん）と仮受金（かりうけきん）の取引（とりひき）の例（れい）を挙（あ）げると、つぎのようになります。

① 従業員（じゅうぎょういん）が出張（しゅっちょう）するので、旅費（りょひ）5,000円（えん）を現金（げんきん）で概算払（がいさんばら）いした。

| （仮　払　金） | 5,000 | （現　　　金） | 5,000 |

② 出張中（しゅっちょうちゅう）の従業員（じゅうぎょういん）から送金小切手（そうきんこぎって）1,000円（えん）が郵送（ゆうそう）されたが、詳細（しょうさい）は不明（ふめい）である。

| （現　　　金） | 1,000 | （仮　受　金） | 1,000 |

③ 従業員（じゅうぎょういん）が出張（しゅっちょう）から戻（もど）り、旅費（りょひ）の精算（せいさん）をし、残金（ざんきん）500円（えん）が返済（へんさい）された。

| （旅　費　交　通　費） | 4,500 | （仮　払　金） | 5,000 |
| （現　　　金） | 500 | | |

④ 上記（じょうき）②の送金小切手（そうきんこぎって）は売掛金（うりかけきん）の回収（かいしゅう）であることが分（わ）かった。

| （仮　受　金） | 1,000 | （売　掛　金） | 1,000 |

　旅費（りょひ）などを概算払（がいさんばら）いしたときは、債権（さいけん）の発生（はっせい）として仮払金勘定（かりばらいきんかんじょう）の借方（かりかた）に記入（きにゅう）し、金額（きんがく）が確定（かくてい）したときは債権（さいけん）の消滅（しょうめつ）として貸方（かしかた）に記入（きにゅう）します。理由（りゆう）がわからない現金（げんきん）を受（う）け取（と）ったときは債

務の発生として仮受金勘定の貸方に記入し、理由が判明したときは債務の消滅として借方に記入します。

1 つぎの各問の（　　）にあてはまる答えとして、最も適当なものを選択肢から選びなさい。

【選択肢】 売掛金、貸付金、未収入金、立替金、仮払金、買掛金、借入金、未払金、
預り金、仮受金

① 金銭を支払うときにその支出の正確な金額や該当する科目が分からないような場合、この金額や科目が不確定な支出を（　　　）という。

② 建物や備品などの物品やサービスを売却して代金を後日受取ることにした場合、その代金は（　　　）で処理する。

③ 従業員や役員などから一時的に金銭を預かったときに発生する債務を（　　　）という。

④ 商品を販売して代金を後日受け取ることにした場合、その代金は（　　　）で処理する。

⑤ 金銭を受取ったとき、その収入の理由が分からないような場合、この不確定な収入を（　　　）という。

⑥ 得意先や従業員に対して一時的に金銭の立替えをした場合、相手方に対して金銭を請求することができる権利を（　　　）という。

⑦ 借用証書を使って金銭を貸したとき発生する債権を（　　　）という

⑧ 借用証書を使って金銭を借りたときに発生する債務を（　　　）という。

⑨ 建物や備品などの物品やサービスを購入して代金を後日支払うことにした場合、その代金は（　　　）で処理する。

⑩ 商品を購入して代金を後日支払うことにした場合、その代金は（　　　）で処理する。

2 つぎの取引を仕訳しなさい。ただし、勘定科目は最も適当なものを選択肢から選ぶこと。

【選択肢】 現金、当座預金、売掛金、貸付金、未収入金、立替金、仮払金、土地、備品、
買掛金、借入金、未払金、預り金、仮受金、受取利息、給料、支払利息、
旅費交通費

① 現金 30,000 円を借り入れた。

② 当月の給料 100,000 円の支給に際し、前貸しした 5,000 円と所得税の源泉徴収額 10,000 円を差し引き、手取額を現金で支給した。

③ 月末に支払うことにした備品の代金 30,000 円を、現金で支払った。

④ 現金 10,000 円を貸し付けた。

⑤ 不用となった土地 80,000 円を 80,000 円で売却し、代金は月末に受け取ることにした。

⑥ 出張中の従業員から 30,000 円の現金が送付されたが、その内容は不明である。

⑦ 貸付金 50,000 円の返済期日になり、利息 100 円とともに現金で返済を受けた。

⑧ 以前送金された内容不明の現金 20,000 円は、売掛金の回収額であることが判明した。

⑨ 借入金 30,000 円の返済期日になったので、利息 100 円とともに現金で支払った。

⑩ 従業員が出張から帰り、旅費の概算額 60,000 円の残額 3,000 円を現金で返済を受けた。

⑪ 備品 20,000 を購入し、代金は月末に支払うことにした。

⑫ 翌月払いにした商品の代金 10,000 円を、小切手を振り出して支払った。

⑬ 従業員の出張に当たり、旅費の概算額 50,000 円を現金で渡した。

⑭ 翌月に受け取ることにした備品の代金 20,000 円を、現金で受け取った。

⑮ 給料の前貸しとして、従業員に現金 10,000 円を支給した。

⑯ 所得税の源泉徴収額として預かった 10,000 円を現金で納付した。

3 つぎの取引を仕訳しなさい。ただし、勘定科目は最も適当なものを選択肢から選ぶこと。

① 従業員 A が出張するとき、旅費の概算払いとして 90,000 円を現金で渡したが、出張から戻り、残った現金 4,000 円が返済された。
【選択肢】 現金、仮払金、前払金、未払金、仮受金、旅費交通費

② 給料の支給に際して、従業員 B に前貸しした 3,000 円と源泉所得税 10,000 円を差し引き、現金 77,000 円を支給した。
【選択肢】 現金、未収入金、立替金、預り金、未払金、給料

③ 営業用の自動車 100,000 円を購入し、代金は月末に支払うことにした。
【選択肢】 現金、備品、車両運搬具、買掛金、未払金、前払金

④ 取引先静岡商店のために取引の仲介を行い、その手数料として 40,000 円を月末に受け取ることにした。
【選択肢】 現金、売掛金、未収入金、未払金、支払手数料、受取手数料

Step 09 有形固定資産（ゆうけいこていしさん）

固定資産（こていしさん）とは、企業が長期間（ききょうちょうきかん）（1年を超える期間（ねんこえるきかん））にわたって使用（しよう）または利用（りよう）する目的（もくてき）で所（しょ）有（ゆう）する資産（しさん）のことです。固定資産（こていしさん）のうち、具体的（ぐたいてき）な存在形態（そんざいけいたい）を持（も）つ固定資産（こていしさん）を**有形固定資産（ゆうけいこていしさん）**といい、つぎのようなものがあります。

① 建物（たてもの）　　　… 店舗（てんぽ）、事務所（じむしょ）、工場（こうじょう）、倉庫（そうこ）など
② 備品（びひん）　　　… 事務用（じむよう）の机（つくえ）、いす、陳列棚（ちんれつだな）、OA機器（きき）など
③ 車両運搬具（しゃりょううんぱんぐ） … 業務用（ぎょうむよう）トラック、乗用車（じょうようしゃ）、オートバイなど
④ 土地（とち）　　　… 店舗（てんぽ）、事務所（じむしょ）、工場（こうじょう）、倉庫（そうこ）などの敷地（しきち）

9-1 有形固定資産（ゆうけいこていしさん）の取得（しゅとく）

有形固定資産（ゆうけいこていしさん）を取得（しゅとく）したときには、取得原価（しゅとくげんか）をその有形固定資産勘定（ゆうけいこていししさんかんじょう）（**建物勘定（たてものかんじょう）、備品勘（びひんかん）定（じょう）、車両運搬具勘定（しゃりょううんぱんぐかんじょう）、土地勘定（とちかんじょう）**など）の借方（かりかた）に記入（きにゅう）します。

有形固定資産（ゆうけいこていしさん）の**取得原価（しゅとくげんか）**は、購入代価（こうにゅうだいか）に付随費用（ふずいひよう）（仲介手数料（ちゅうかいてすうりょう）、引取運賃（ひきとりうんちん）、登記料（とうきりょう）など）を加（くわ）えたものです。

有形固定資産（ゆうけいこていしさん）の取得原価（しゅとくげんか）＝購入代価（こうにゅうだいか）＋付随費用（ふずいひよう）

有形固定資産取得時（ゆうけいこていしさんしゅとくじ）の取引（とりひき）の例（れい）を挙（あ）げると、つぎのようになります。

① 事務用（じむよう）の机（つくえ）といす1,000円（えん）を購入（こうにゅう）し、引取運賃（ひきとりうんちん）50円（えん）とともに現金（げんきん）で支払（しはら）った。

　（備　　　品（びひん））　　　1,050　　　（現　　　金（げんきん））　　　1,050

② 工場用（こうじょうよう）の土地（とち）4,000円（えん）で購入（こうにゅう）し、代金（だいきん）は小切手（こぎって）を振（ふ）り出（だ）して支払（しはら）った。なお、登記料（とうきりょう）100円（えん）と仲介手数料（ちゅうかいてすうりょう）400円（えん）は現金（げんきん）で支払（しはら）った。

　（土　　　地（とち））　　　4,500　　　（当 座 預 金（とうざよきん））　　　4,000
　　　　　　　　　　　　　　　　　　　　　　（現　　　金（げんきん））　　　　500

有形固定資産を取得するときに発生する付随費用の金額も、有形固定資産の取得原価になりますので注意してください。これは商品を仕入れる時の仕入諸掛と同じです。

9-2 有形固定資産の売却

不要となった有形固定資産を売却した場合には、その帳簿価額を当該有形固定資産勘定の貸方に記入します。帳簿価額と売却価額との差額は、帳簿価額より売却価額が大きいときは、**固定資産売却益**（収益）、帳簿価額より売却価額が小さいときは、**固定資産売却損**（費用）として処理します。

有形固定資産売却時の取引の例を挙げると、つぎのようになります。

① 帳簿価額 2,000 円の土地を 2,100 円で売却し、代金は現金で受け取った。

(現　　　　金)	2,100	(土　　　　地)	2,000
		(固定資産売却益)	100

② 帳簿価額 1,000 円の備品を 800 円で売却し、代金は現金で受け取った。

(現　　　　金)	800	(備　　　　品)	1,000
(固定資産売却損)	200		

固定資産売却益あるいは固定資産売却損は、売却する資産の名称を付けて、①の場合、土地売却益、②の場合、備品売却損を使うこともあります。

---

memo 帳簿価額というのは、帳簿上の金額のことで、土地を除く有形固定資産の場合、9-3 と 9-4 で説明する減価償却をするので、取得原価から減価償却累計額を差し引いた金額のことをいいます。
9-4 にも説明がありますので、しっかり覚えてください。

土地以外の有形固定資産は、それを使うことや時間が経つことによって、その価値が減少します。このように価値が減少することを**減価**といいます。そのため、会計期間の最終日（**決算日**）に、その期の価値の減少分をその期の費用として**減価償却費勘定**（費用）に計上し、その減少額をその有形固定資産から差し引く手続きを行ないます。この手続きを**減価償却**といいます。

減価償却費の一般的な計算法として、ここでは**定額法**を説明します。この方法は、耐用年数の間に毎年同じ金額ずつ価値が減少していくと考えて、減価償却費を計算する方法です。**耐用年数**というのはその固定資産が使用できると予想した期間です。定額法では、その固定資産を手に入れたときの価値（**取得原価**）が、その耐用年数になったときに残っている価値（**残存価額**）まで価値が減る（減価する）と考え、毎年同じ金額を減価償却する方法です。この方法による減価償却費の計算式は、つぎのとおりです。

$$1\text{年間の減価償却費} = \frac{\text{取得原価} - \text{残存価額}}{\text{耐用年数}}$$

たとえば、備品の取得原価が 5,000 円、残存価額が 500 円、耐用年数が 5 年とすると、毎年の減価償却費はつぎのように計算されます。

$$\text{減価償却費} = \frac{5{,}000\ \text{円} - 500\ \text{円}}{5\ \text{年}} = 900\ \text{円}$$

以前は残存価額を取得原価の 10% とするのが一般的でしたが、現在では残存価額を 0 円とするのが一般的です。この場合、減価償却費の計算式は、つぎのようになります。

$$1\text{年間の減価償却費} = \frac{\text{取得原価}}{\text{耐用年数}}$$

9-4 減価償却費の記帳方法

減価償却費を仕訳する方法には、直接法と間接法があります。

■ 9-4-1 直接法

直接法は減価償却費を、その固定資産勘定から直接控除する方法です。先ほど計算した減価償却費を直接法で仕訳すると、つぎのようになります。

（減 価 償 却 費）　　900　　（備　　　　　品）　　900

勘定に記入すると、つぎのようになります。

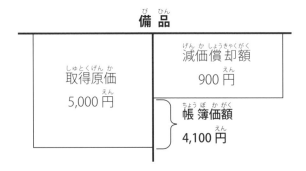

直接法では、備品勘定の借方には取得原価、貸方に減価償却額が記入され、毎年減価償却額分が減額されて、残高が繰り越されます。備品勘定の残高が、**帳簿価額**（その時の帳簿上の価値）となります。2年目以降は、繰越された帳簿価額が借方に記入されます。

■ 9-4-2 間接法

間接法は減価償却費を、その固定資産から直接控除するのではなく、**減価償却累計額勘定**（資産の評価勘定）を設定して、その勘定の貸方に減価償却費を記入して間接的に控除する方法です。その固定資産の帳簿価額は、その固定資産勘定の残高（取得原価）から減価償却累計額勘定の残高を差引いて計算されます。この方法では、直接的には帳簿価額が示されませんが、固定資産の取得原価と減価償却累計額の両方が明らかとなることから、合理的な方法であると考えられています。先ほど直接法で仕訳したのと同じ取引を間接法で仕訳すると、つぎのようになります。

（減 価 償 却 費）　　900　　（減価償却累計額）　　900

66

勘定に記入すると、つぎのとおりです。

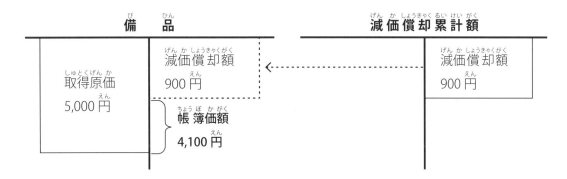

間接法では、備品勘定は取得原価のまま記入され、繰り越されます。減価償却累計額勘定は減価償却額を毎年累計して、減価の累計額が記入されます。備品勘定から減価償却累計額勘定の金額を差し引くと、間接的に備品の帳簿価額が計算されます。

練習問題

1 つぎの各問の（　　）にあてはまる答えとして、最も適当なものを選択肢から選びなさい。
【選択肢】 建物、備品、車両運搬具、土地、固定資産、有形固定資産、取得原価、購入代価、固定資産売却益、固定資産売却損、残存価額、減価償却、減価償却累計額、定額法

① （　　）とは、企業が長期間（1年を超える期間）にわたって使用または利用する目的で所有する資産のことをいう。

② 建物、備品、土地などのように具体的な存在形態を持つ固定資産を、（　　）という。

③ 事務用の机、椅子、陳列棚、OA機器などのような有形固定資産を、（　　）という。

④ 有形固定資産の取得原価は、（　　）に付随費用（仲介手数料、引取運賃、登記料など）を加えたものである。

⑤ 有形固定資産を売却した場合、その帳簿価額より売却価額が大きいときには、（　　）が計上される。

⑥ 有形固定資産を使うことや時間が経つことによる価値の減少を、決算時に費用計上する手続きを（　　）という。

⑦ （　　）は、有形固定資産の取得原価を耐用年数期間中、毎年同額を減価償却する方法である。

⑧ 減価償却費を間接法で記帳する場合、毎年減価償却費額を（　　）勘定に集計する。

2 つぎの取引を仕訳しなさい。ただし、勘定科目は最も適当なものを選択肢から選ぶこと。

【選択肢】 現金、当座預金、未収入金、建物、備品、土地、未払金、減価償却累計額、
固定資産売却益、減価償却費、固定資産売却損

① 事務用のパソコン 30,000 円を購入し、代金は現金で支払った。
② 店舗用の土地 400,000 円を購入し、代金は翌月末に支払うことにした。なお、登記料 20,000 円は現金で支払った。
③ 土地（帳簿価額 30,000 円）を、35,000 円で売却し、代金は先方振り出しの小切手で受け取った。
④ 土地（帳簿価額 25,000 円）を、22,000 円で売却し、代金は月末に受け取ることにした。
⑤ 建物の減価償却費 2,000 円を、間接法で計上した。
⑥ 備品の減価償却費 1,000 円を、直接法で計上した。

3 つぎの取引を仕訳しなさい。ただし、勘定科目は最も適当なものを選択肢から選ぶこと。

【選択肢】 現金、当座預金、未収入金、建物、備品、車両運搬具、土地、未払金、
減価償却累計額、固定資産売却益、減価償却費、固定資産売却損

① 営業用の自動車 300,000 円を購入し、代金は月末に支払うことにした。
② 事務所用の建物 500,000 円を購入し、代金は小切手を振り出して支払った。なお、登記料 1,000 円は現金で支払った。
③ 土地（帳簿価額 50,000 円）を、48,000 円で売却し、代金は現金で受け取った。
④ 土地（帳簿価額 30,000 円）を、33,000 円で売却し、代金は月末に受け取ることにした。
⑤ 建物（取得原価 100,000 円、残存価額 10,000 円、耐用年数 20 年、定額法）の減価償却費を、間接法で計上した。
⑥ 備品（取得原価 50,000 円、残存価額 0 円、耐用年数 5 年、定額法）の減価償却費を、直接法で計上した。

純資産（資本）

10-1 資本金

　純資産（資本）は出資者から提供された資金と事業活動から得られた利益の蓄積のことをいい、資産総額（積極財産）から負債総額（消極財産）を差し引いた純資産額（正味財産）を表しています。個人企業では、純資産（資本）の増減に関する取引は**資本金勘定**で処理します。資本金勘定は、元入れや利益などによって増加し、引出しや損失によって減少します。資本金の増加は、資本金勘定の貸方に記入し、減少は借方に記入します。

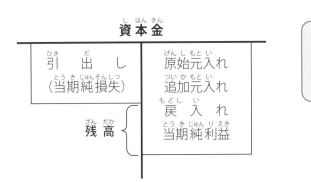

個人企業では、資本金だけが純資産だよ。利益は資本金の増加なんだ。

■ 10-1-1　資本の元入れ

　個人企業の場合、事業主（店主）が会社へ資金を出資することを**元入れ**といいます。元入れには、事業を開始するときに行う最初の出資（原始元入れ）と、開業後資金繰りの都合や事業の拡張などのために必要に応じて行う追加出資（追加元入れ）があります。どちらの場合も、純資産が増加することになるので、資本金勘定の貸方に記入します。

　資本元入れ時の取引の例を挙げると、つぎのようになります。

① 現金 4,000 円、備品 1,500 円および借入金 2,500 円で、営業を開始した。

| （現　　　金） | 4,000 | （借　入　金） | 2,500 |
| （備　　　品） | 1,500 | （資　本　金） | 3,000 |

② 事業拡張のため、現金 1,000 円と土地 2,000 円を追加元入れした。

(現 金)	1,000	(資 本 金)	3,000
(土 地)	2,000		

　①が原始元入れ、②が追加元入れの取引ですが、基本的に仕訳は同じです。資本等式（8 ページ）によって、資産と負債の差額として、純資産の金額が計算されます。②のように負債がない場合は、資産の金額が純資産の金額になります。個人企業の場合、純資産は資本金だけなので、資本金の増加となり、資本金勘定の貸方に記入します。

■ 10-1-2　資本の引出し

　事業主（店主）が、会社の現金や商品などを私的に消費することを**引出し**といいます。引出しは、企業の純資産を減少させるので、資本金勘定の借方に記入します。引出した現金などを返却することを戻入れといい、純資産が増加するので、資本金勘定の貸方に記入します。
　資本引出し時の取引の例を挙げると、つぎのようになります。

① 店主が私用のため、店の現金 750 円を持ち出した。

(資 本 金)	750	(現 金)	750

② 店主が店の商品（原価 1,500 円、売価 2,000 円）を家庭用に消費した。

(資 本 金)	1,500	(仕 入)	1,500

③ 私用にあてた現金のうち、500 円を戻し入れた。

(現 金)	500	(資 本 金)	500

　会社の現金や商品を私用のために消費したときは資本金を減少させます。商品の場合、原価で記入するので、仕入勘定が減少することになります。返却した場合は資本金を増加させます。

■ 10-1-3　当期純損益

　決算のときに収益の総額と費用の総額の差額として当期の純損益を計算しますが、この当期の純損益は資本金勘定へ振替えられます。これは決算のとき、総勘定元帳を締切って、貸借対照表と損益計算書を作るために行われる手続きです。当期純利益が計上されたときは資本の増加なので、資本金勘定の貸方に記入します。当期純損失が計上されたときは資本の減少なので、資本金勘定の借方に記入します。この手続きを図示すると、以下のようになります。

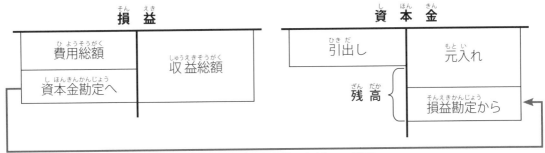

① 当期純利益（収益＞費用）の振替

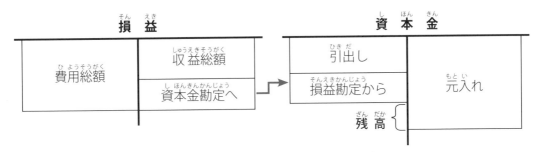

② 当期純損失（収益＜費用）の振替

当期純損益の振替取引の例を挙げると、つぎのようになります。

① 当期純利益 800 円を資本金勘定へ振替えた。

（損　　　　　益）　　800　　　　（資　　本　　金）　　800

② 当期純損失 300 円を資本金勘定へ振替えた。

（資　　本　　金）　　300　　　　（損　　　　　益）　　300

　純損益は、損益勘定に収益と費用の勘定の残高を集計して計算します。収益と費用の差額として計算され、利益は損益勘定の借方から資本金勘定の貸方へ、損失は損益勘定の貸方から資本金勘定の借方へ振り替えられます。損益勘定の記入については、日商簿記検定 3 級の範囲なので本書では扱いませんが、利益が資本金の増加、損失が資本金の減少であることをしっかり覚えてください。

　前述の資本の引出しでは、事業主が企業財産を私的に消費したとき、資本金を減少させましたが、一般的には**引出金勘定（店主勘定・事業主勘定）**（純資産の評価勘定）で処理します。私的に消費したときは引出金勘定の借方に記入し、戻入れたときは貸方に記入します。

　なお、引出金勘定を用いる場合、決算時には資本金勘定の残高を確定するために、引出金勘定の借方残高を資本金勘定に振替えます。これによって、資本金勘定は引出金勘定を使わない場合と同じ残高になります。資本金勘定と引出金勘定の関係を図示すると、以下のとおりです。

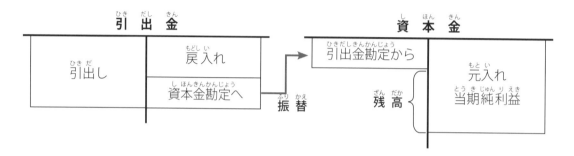

10-1-2 でみた資本の引出し時の取引の例で考えると、つぎのようになります。

① 店主が私用のため、店の現金 750 円を持ち出した。

　（引　　出　　金）　　　750　　　（現　　　　　金）　　　750

② 店主が店の商品（原価 1,500 円、売価 2,000 円）を家庭用に消費した。

　（引　　出　　金）　　　1,500　　　（仕　　　　　入）　　　1,500

③ 私用にあてた現金のうち、500 円を戻し入れた。

　（現　　　　　金）　　　500　　　（引　　出　　金）　　　500

④ 期末に引出金勘定の残高 1,750 円を資本金勘定に振り替えた。

　（資　　本　　金）　　　1,750　　　（引　　出　　金）　　　1,750

　期中に店主が私的に企業財産を消費することが多い場合は、一般的に引出金勘定を使います。期中はこの取引で資本金を増減させないで引出金勘定に集計し、期末に残高を資本金勘定に振替えます。引出金を使うやり方は、日商簿記検定では 3 級の範囲です。

1 つぎの各問の（　　）にあてはまる答えとして、最も適当なものを選択肢から選びなさい。

【選択肢】　元入れ、原始元入れ、追加元入れ、引出し、当期純利益、当期純損失、純資産、
　　　　　　資本金、借方、貸方、利益、損失、純損益

① （　　　　）は、資産から負債を差し引いたものである。
② 個人企業では、純資産の増減に関する取引は（　　　　）勘定で処理する。
③ 資本金勘定は、元入れや（　　　　）などによって増加し、引出しや損失によって減少
　する。
④ 元入れには、事業を開始するときに行う原始元入れと、開業後資金繰りの都合や事業
　の拡張などのために必要に応じて行う（　　　　）がある。
⑤ 事業主（店主）が、会社の現金や商品などを私的に消費することを（　　　　）という。
⑥ 当期の（　　　　）は、収益の総額と費用の総額の差額として計算される。
⑦ 当期純利益は、資本金勘定の（　　　　）に記入される。

2 つぎの取引を仕訳しなさい。ただし、勘定科目は最も適当なものを選択肢から選ぶこと。

【選択肢】　現金、当座預金、貸付金、備品、土地、借入金、資本金、売上、仕入、租税公課、
　　　　　　損益

① 現金 10,000 円を元入れして、会社を設立した。
② 現金 20,000 円、備品 30,000 円、借入金 10,000 円を元入れした。
③ 現金 30,000 円を追加元入れした。
④ 店主が店の現金 1,000 円を自分のために使用した。
⑤ 店主が商品（原価 500 円、売価 700 円）を、家庭用に消費した。
⑥ 私用のために使った店の現金 2,000 円を戻入れた。
⑦ 当期純利益 3,000 円を、損益勘定から振り替えた。
⑧ 当期純損失 2,000 円を、損益勘定から振り替えた。
⑨ 店主の所得税 5,000 円を店の現金で支払った。
⑩ 事業拡張のため、土地 10,000 円を追加元入れした。

11-1 税金の種類

　税金には、所得税、法人税、印紙税、消費税などの国に納める国税と、都道府県民税、市町村民税、事業税、固定資産税などの地方自治体に納める地方税があります。簿記では、印紙税、事業税、固定資産税などのように費用として扱う税金と、所得税、法人税、都道府県民税、市町村民税などのように費用として扱わない税金に区分します。

11-2 固定資産税

　固定資産税は、所有している固定資産に対して納める税金で、4期に分けて納付します。納付したときは、**租税公課勘定**または**固定資産税勘定**（費用）の借方に記入します。

　固定資産税の取引の例を挙げると、つぎのようになります。

① 　固定資産税 4,000 円の納税通知書を受取った。

（租　税　公　課）　　4,000　　　（未払固定資産税）　　4,000

② 　固定資産税の第 1 期分として 1,000 円を現金で納付した。

（未払固定資産税）　　1,000　　　（現　　　　金）　　1,000

　市町村の役所から納税通知書が郵送されると、固定資産税の納付義務が発生するので、租税公課または固定資産税勘定の借方に記入します。この時まだ支払いをしていないので、未払固定資産税という債務（負債）が発生します。そして支払いをするたびにこの債務の減少の処理を行います。

11-3　印紙税

　印紙税は、領収書を作成したり、手形を振り出したりするときに、これらの文書に対して課税される税金で、印紙を購入したときに租税公課勘定または**印紙税勘定**（費用）の借方に記入します。

　印紙税の取引の例を挙げると、つぎのようになります。

① 収入印紙 1,000 円を現金で購入した。

（租　税　公　課）　　　1,000　　　（現　　　　金）　　　1,000

　郵便局などで収入印紙を購入したときに印紙税を支払ったとして、租税公課または印紙税勘定の借方に記入します。厳密には、領収書や手形に収入印紙を貼付し、割り印したときに印紙税を支払ったことになりますが、一般的には購入時に印紙税の支払いとして処理します。

11-4　所得税

　所得税は、従業員や個人企業の事業主が 1 月 1 日から 12 月 31 日までの 1 年間の所得に対して支払う税金です。所得税は、前年度の所得によって算出した税額の 3 分の 1 ずつを 7 月と 11 月に予定納付し、確定申告によって確定した所得税額から予定納税額を控除した額を 3 月に納付します。所得税は所得の中から納付するものなので費用として計上できません。従業員の所得税は、給料の支払い時に預り金として預かって納付します。個人企業の場合は会社の所得に対して事業主が所得税を支払うことになるので、資本金の引出しになります。

　所得税の取引の例を挙げると、つぎのようになります。

① 従業員の給料 2,000 円を支給した。その際、所得税の源泉徴収分 200 円を差し引き、残額を現金で支払った。

（給　　　　料）　　　2,000　　　（預　り　金）　　　　200
　　　　　　　　　　　　　　　　　（現　　　　金）　　1,800

② 所得税の源泉徴収分を現金で納付した。

（預　り　金）　　　200　　　（現　　　　金）　　　200

③ 事業主の所得税の第 1 期予定納税額 15,000 円を現金で予定納付した。

（資　　本　　金）　　　15,000　　　（現　　　　金）　　　15,000

④　確定申告を行い、所得税額が 50,000 円と確定した。予定納税額 30,000 円を差引き、20,000 円を現金で納付した。

（資　本　金）　　20,000　　　　　（現　　　　　金）　　20,000

　従業員の所得税の場合、一旦預かって後日納付することになります。預かったときには預り金勘定の貸方に記入し、納付したときに預り金勘定の借方に記入します。これは預り金（58ページ）のところで説明しました。個人企業の所得税は事業主の所得税として納付するので、会社のお金で納付したときは、資本金からの引出しということになります。納付したときに資本金勘定か、引出金勘定の借方に記入します。資本金からの引出しは資本金（70 ページ）のところで説明しました。

11-5　消費税

　消費税は、商品の売買やサービスの提供に対して課される税金で、商品を購入したときやサービスを受けたときに支払います。たとえば、当店は仕入先から商品を仕入れる時、商品の代金と一緒に消費税を仕入先に支払います。そして、得意先に商品を売り上げる時、商品の代金と一緒に消費税を得意先から受け取ります。仕入先に支払った消費税は仕入先が納付することになりますが、得意先から受け取った消費税は当店が納付することになります。この時実際に納付するのは、受け取った消費税と支払った消費税の差額となります。

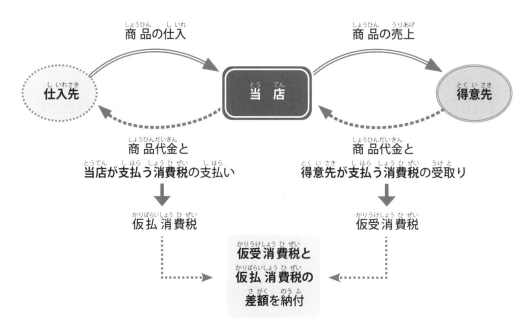

消費税の処理には税抜方式と税込方式がありますが、ここでは税抜方式を覚えましょう。**税抜方式**は、消費税を仕入や売上に含めない方法で、別に消費税の勘定を設けます。仕入れたときには仕入先が支払ってくれますので、**仮払消費税勘定**（資産）で、売上げたときは得意先から預かって当店が支払うことになるので、**仮受消費税勘定**（負債）で処理します。

　消費税の取引の例を挙げると、つぎのようになります。

① 商品 1,000 円を仕入れ、消費税 100 円とともに現金で支払った。

（仕　　　　入）	1,000	（現　　　　金）	1,100
（仮 払 消 費 税）	100		

② 商品 1,500 円を販売し、消費税 150 円とともに現金で受け取った。

（現　　　　金）	1,650	（売　　　　上）	1,500
		（仮 受 消 費 税）	150

③ 仮払消費税と仮受消費税の差額を現金で納付した。

（仮 受 消 費 税）	150	（仮 払 消 費 税）	100
		（現　　　　金）	50

　商品を仕入れたとき、商品の取得原価は仕入勘定の借方に、消費税は仮払消費税勘定の借方に記入します。また、商品を販売したとき、売上代金は売上勘定の貸方に、消費税は仮受消費税勘定の貸方に記入します。支払い、受取りの消費税はまだ合計の納税金額が確定しないので、仮払い、仮受けとします。消費税の納付は仮受消費税と仮払消費税の差額を支払います。

---

memo　**税込方式**は、仕入勘定と売上勘定に消費税額を含めて処理する方法です。納付する消費税の金額は税抜方式と同じですが、消費税を費用として扱います。この方法は上級の簿記で学習しますので、ここでは税抜方式をしっかり覚えてください。

1 つぎの各問の（　　　）にあてはまる答えとして、最も適当なものを選択肢から選びなさい。

【選択肢】　税金、所得税、法人税、固定資産税、印紙税、消費税、租税公課、預り金、
　　　　　　資本金の元入れ、資本金の引出し、税抜方式、税込方式

① 固定資産税は、所有している固定資産に対して納める税金で、4期に分けて納付し、納付したときは、（　　　）勘定または固定資産税勘定の借方に記入する。

② （　　　）は、領収書を作成したり、手形を振り出したりするときに、これらの文書に対して課税される税金で、印紙を購入したときに租税公課勘定または（　　　）勘定の借方に記入する。

③ （　　　）は、従業員や個人企業の事業主の1年間の所得に対して支払う税金である。

④ 従業員の所得税は、給料の支払い時に（　　　）として、給料から源泉徴収して納付する。

⑤ 個人企業の場合は会社の所得に対して事業主が所得税を支払うことになるので、（　　　）になる。

⑥ （　　　）は、商品の売買やサービスの提供に対して課される税金で、商品を購入したときやサービスを受けたときに支払う。

⑦ （　　　）は、消費税を仕入や売上に含めない方法で、仮払消費税勘定と仮受消費税勘定で処理する方法である。

2 つぎの取引を仕訳しなさい。ただし、勘定科目は最も適当なものを選択肢から選ぶこと。

【選択肢】　現金、当座預金、所得税、租税公課、消費税、預り金、未払固定資産税、
　　　　　　仮払消費税、仮受消費税、資本金、売上、仕入、給料

① 固定資産税 10,000 円の納税通知書を受取った。

② 固定資産税の第2期分として 2,500 円を現金で支払った。

③ 固定資産税 20,000 円の納税通知書が送られてきたので、全額現金で支払った。

④ 収入印紙 2,000 円を現金で購入した。

⑤ 従業員に給料 30,000 円を、所得税の源泉徴収分 3,000 円を差し引き、現金で支給した。

⑥ 店主の所得税の予定納税額 30,000 円を現金で納付した。

⑦ 確定申告を行い、所得税額が 70,000 円と確定したので、予定納税額 30,000 円を差し引き、現金で納付した。

⑧ 商品 30,000 円を販売し、消費税 3,000 円とともに現金で受け取った。

⑨ 商品 10,000 円を仕入れ、消費税 1,000 円とともに小切手を振り出して支払った。

12 収益と費用

12-1 収益とは

収益は、会社の活動によって得られた財産の増加額のことで、現金や売掛金など代金を受け取ると収益が発生し、増加として貸方に記入します。減少した場合は借方に記入します。

例外はありますが、受取○○、○○益というように「受取」や「益」がつくと、多くの場合、収益の勘定科目です。

12-2 収益の勘定科目

収益の勘定科目をもう一度整理してみましょう。

勘定科目	説明
売上	商品を販売した時に受け取ることができる代金のことで、商品を売ることによって得られる収益
受取手数料	取引を仲介したときなどに受け取る代金
受取家賃	建物などを貸すことによって受け取る代金
受取地代	土地などを貸すことによって受け取る代金
受取利息	銀行預金や貸付金に対して受け取る利息
雑益	金額が小さいか、勘定科目が分からない収益をまとめる勘定
固定資産売却益	建物、備品、土地などの固定資産を売却することによって得られる儲け

以上の収益の勘定科目に関係する取引を仕訳してみましょう。

① 商品 20,000 円を掛けで販売した。

（売 掛 金）　20,000　　　（売 上）　20,000

② 商品売買の仲介をし、手数料 5,000 円を現金で受け取った。

（現 金）　5,000　　　（受 取 手 数 料）　5,000

③ 貸付金 10,000 円の返済を受け、利息 100 円とともに現金で受け取った。

(現 金)	10,100	(貸 付 金)	10,000
		(受 取 利 息)	100

④ 現金の実際有高を調べたところ、帳簿金額より 1,000 円多かった。理由が分からないので、雑益として処理した。

(現 金)	1,000	(雑 益)	1,000

⑤ 土地（帳簿価額 40,000 円）を 43,000 円で売却し、代金は現金で受け取った。

(現 金)	43,000	(土 地)	40,000
		(固定資産売却益)	3,000

12-3 費用とは

費用は、利益を得るために費やされた財産の減少額のことで、現金や買掛金など代金を支払うと費用が発生し、増加として借方に記入します。減少した場合は貸方に記入します。

例外はありますが、支払○○、○○費、○○損というように「支払」や「費」、「損」がつくと、多くの場合、費用の勘定科目です。

12-4 費用の勘定科目

費用の勘定科目をもう一度整理してみましょう。

勘定科目	説　明
仕入	商品を購入するときに支払う代金のこと 購入時に必要な付随費用（仕入諸掛）も含まれる
給料	従業員の労働に対して支払う対価
発送費	商品販売時などに発生する商品発送のための諸費用
水道光熱費	電気、ガス、水道のために支払う料金
通信費	電話、郵便などの通信のために支払う料金
保険料	生命保険や損害保険のために支払う代金
支払手数料	取引の仲介を受けたときに支払う代金 商品の仕入の時に発生する場合には、仕入の金額に含める

支払家賃 （しはらいやちん）	建物などを借りることによって支払う代金
支払地代 （しはらいちだい）	土地などを借りることによって支払う代金
支払利息 （しはらいりそく）	借入金などに対して支払う利息
法定福利費 （ほうていふくりひ）	健康保険料などの会社負担分
広告宣伝費 （こうこくせんでんひ）	商品などの広告、宣伝のための支出
旅費交通費 （りょひこうつうひ）	旅費と交通費
消耗品費 （しょうもうひんひ）	事務用の筆記用具などの消耗品
雑損 （ざっそん）	金額が小さいか、勘定科目が分からない費用をまとめる勘定
租税公課 （そぜいこうか）	固定資産税や印紙税などの税金
修繕費 （しゅうぜんひ）	建物や備品などの修理のために支払う金額
貸倒損失 （かしだおれそんしつ）	受取手形、売掛金などの代金が回収できないことによる損失
減価償却費 （げんかしょうきゃくひ）	建物、備品などの価値の減少を費用計上したもの
固定資産売却損 （こていしさんばいきゃくそん）	建物、備品、土地などの固定資産を売却することによって損した金額

以上の費用の勘定科目に関係する取引を仕訳してみましょう。

① 商品 10,000 円を掛けで購入した。

（仕　　　　入）　　10,000　　　　（買　掛　金）　　10,000

② 電力料 4,000 円と水道料 3,000 円が、普通預金口座から引き落とされた。

（水 道 光 熱 費）　　7,000　　　　（普 通 預 金）　　7,000

③ 郵便はがき 6,300 円と郵便切手 8,400 円を現金で購入した。

（通　信　費）　　14,700　　　　（現　　金）　　14,700

④ 給料支払時に従業員から預かった健康保険料 10,000 円とその会社負担分 10,000 円を
現金で納付した。

（預　り　金）　　10,000　　　　（現　　金）　　20,000
（法 定 福 利 費）　　10,000

⑤ 現金の実際有高を調べたところ、帳簿金額より 2,000 円少なかった。理由が分からない
ので、雑損として処理した。

（雑　　損）　　2,000　　　　（現　　金）　　2,000

練習問題

1 つぎの各問の（　）にあてはまる答えとして、最も適当なものを選択肢から選びなさい。
【選択肢】 売上、受取手数料、受取家賃、受取地代、受取利息、雑益、固定資産売却益

① 建物、備品、土地などの固定資産を売却することによって得られる利益を、（　　）という。
② （　　）は、取引を仲介したときなどに受け取ることができる代金である。
③ ひとつの取引で発生する金額が小さいか、勘定科目が分からない収益は（　　）勘定に計上する。
④ （　　）は、商品を売ることによって得られる収益である。
⑤ 銀行預金や貸付金に対して受け取る利息を、（　　）という。

2 つぎの各問の（　）にあてはまる答えとして、最も適当なものを選択肢から選びなさい。
【選択肢】 仕入、給料、発送費、水道光熱費、通信費、保険料、支払手数料、支払地代、
支払利息、法定福利費、広告宣伝費、旅費交通費、消耗品費、雑損、租税公課、
修繕費、貸倒損失、減価償却費、固定資産売却損

① ひとつの取引で発生する金額が小さいか、勘定科目が分からない費用は（　　）勘定に計上する。
② （　　）は、固定資産税や印紙税などの税金をまとめた勘定科目である。
③ 建物、備品、土地などの固定資産を売却することによって得られる損失を、（　　）という。
④ （　　）は、建物、備品などの価値の減少を費用計上したものである。
⑤ 建物や備品などの修理のために支払う金額を、（　　）という。
⑥ 事務用で用いる筆記用具などを消費した金額は、（　　）勘定に記入する。
⑦ 営業活動のために必要な交通費と旅費は、（　　）勘定で処理する。
⑧ 従業員の労働に対して支払う対価は、（　　）勘定で処理する。
⑨ 電気、ガス、水道など公共料金を支払ったとき、（　　）勘定に記入する。
⑩ 電話料金、郵便切手やはがきなどの代金は、（　　）勘定で処理する。

3　つぎの取引を仕訳しなさい。ただし、勘定科目は最も適当なものを選択肢から選ぶこと。

【選択肢】　現金、売掛金、備品、買掛金、未払固定資産税、売上、受取手数料、
固定資産売却益、仕入、発送費、租税公課、固定資産売却損

① 固定資産税 50,000 円の納税通知書を受取った。

② 事務用のパソコン 30,000 円（帳簿価額）を 23,000 円で売却し、代金は現金で受け取った。

③ 商品 40,000 円を販売し、代金は掛けとした。なお、発送費用 1,000 円を現金で支払った。

④ 商品 20,000 円を購入し、代金は掛けとした。なお、仕入のための諸費用 800 円は現金で支払った。

⑤ 商品販売のための仲介手数料 5,000 円を、現金で受け取った。

4　つぎの取引を仕訳しなさい。ただし、勘定科目は最も適当なものを選択肢から選ぶこと。

① 商品 10,000 円をクレジットカードで販売した。なお、カード会社に支払う手数料は 300 円である。

【選択肢】　現金、売掛金、クレジット売掛金、支払手数料、売上、受取手数料

② 土地〈帳簿価額 8,000 円〉を 10,000 円で売却し、代金は月末受け取ることにした。

【選択肢】　売掛金、未収入金、土地、未払金、固定資産売却損、固定資産売却益

③ 収入印紙 2,000 円と郵便切手 1,680 円を現金で購入した。

【選択肢】　現金、当座預金、仕入、通信費、発送費、租税公課

④ 現金は帳簿上では 25,000 円あることになっているが、実際には 24,000 円であった。原因が分からないので、適切に処理した。

【選択肢】　現金、当座預金、雑損、水道光熱費、売上、雑益

⑤ 商品 50,000 円を仕入れる仲介をし、手数料 3,000 円を先方振り出しの小切手で受け取った。

【選択肢】　現金、当座預金、買掛金、仕入、支払手数料、受取手数料

Step 13 試算表（しさんひょう）

13-1 試算表とは何か？

　試算表は、取引を仕訳帳に仕訳し、総勘定元帳に転記する日常的な記帳手続が正しく行われているかどうか確認する計算表です。試算表の貸借合計が一致し、正しく作成できれば、仕訳帳から総勘定元帳への転記が適正に行われたと推定できます。また、合計試算表の合計額は仕訳帳の合計額と一致します。でも、転記するときに勘定科目を間違えるとか、貸借同じように数字を間違えて転記するとか、発見できない間違いがあるため、完全に保証するものではありませんが、少なくとも試算表がちゃんと作成できなければ、転記が正しくなかったということは分かります。試算表は定期的に、月末、年度末（決算日）に作成し、帳簿記入の正確性を確認します。初級の検定試験では、月次の試算表が出題されます。

合計試算表

借方	科目	貸方
×××	資産の勘定	××
××	負債の勘定	×××
××	純資産の勘定	×××
××	収益の勘定	×××
×××	費用の勘定	××
×××	合計	×××

残高試算表

借方	科目	貸方
×××	資産の勘定	
	負債の勘定	×××
	純資産の勘定	×××
	収益の勘定	×××
×××	費用の勘定	
×××	合計	×××

合計残高試算表

借方		科目	貸方	
残高	合計		合計	残高
×××	×××	資産の勘定	××	
	××	負債の勘定	×××	×××
	××	純資産の勘定	×××	×××
	××	収益の勘定	×××	×××
×××	×××	費用の勘定		
×××	×××	合計	×××	×××

試算表は大きく分けて2種類、3つ目は2つを組み合わせたハイブリッドだよ。この他に期中取引欄を入れたものもあるよ。

試算表は集計の仕方によって 3 種類に分けられます。**合計試算表**は、総勘定元帳の各勘定の借方と貸方の合計額を集計した計算表で、**残高試算表**は各勘定の残高を集計した計算表です。**合計残高試算表**はこれら 2 つの試算表を合わせた計算表で、合計と残高の両方を集計します。

13-2 試算表の作り方

試算表の作成の方法を、合計残高試算表を例にとって説明しましょう。

月中取引を仕訳帳に仕訳し、総勘定元帳の各勘定に転記した結果、各勘定の記入が以下のようになったとしましょう。

総 勘 定 元 帳

現 金

1/ 1 前期繰越	1,000	1/15 買 掛 金	1,200
3 借 入 金	800	19 給 料	700
17 売 掛 金	1,800	23 仕 入	1,000
25 売 上	1,500		

売 掛 金

| 1/ 1 前期繰越 | 500 | 1/17 現 金 | 1,800 |
| 9 売 上 | 2,500 | 31 売 上 | 200 |

備 品

| 1/ 1 前期繰越 | 500 |

買 掛 金

| 1/12 仕 入 | 100 | 1/ 1 前月繰越 | 500 |
| 15 現 金 | 1,200 | 7 仕 入 | 2,000 |

借 入 金

| | | 1/3 現 金 | 800 |

資 本 金

| | | 1/ 1 前月繰越 | 1,500 |

仕 入

| 1/7 買 掛 金 | 2,000 | 1/12 買 掛 金 | 100 |
| 23 現 金 | 1,000 | | |

売 上

| 1/31 売 掛 金 | 200 | 1/9 売 掛 金 | 2,500 |
| | | 25 現 金 | 1,500 |

給 料

| 19 現 金 | 700 |

以上の資料から、合計残高試算表を作成すると以下のようになります。試算表の勘定科目は上から資産、負債、純資産、収益、費用の順番に並べて記入するのが一般的です。

合計残高試算表

令和○年1月31日　　　　　　（単位：円）

借方		勘定科目	貸方	
残　高	合　計		合　計	残　高
2,200	5,100	現　　　金	2,900	
1,000	3,000	売　掛　金	2,000	
500	500	備　　　品		
	1,300	買　掛　金	2,500	1,200
		借　入　金	800	800
		資　本　金	1,500	1,500
	200	売　　　上	4,000	3,800
2,900	3,000	仕　　　入	100	
700	700	給　　　料		
7,300	13,800	合　　　計	13,800	7,300

　作成方法を説明しましょう。まず、総勘定元帳の勘定ごとに借方合計と貸方合計を計算して、合計残高試算表のそれぞれの勘定科目の借方の合計欄に借方合計金額を、貸方の合計欄に貸方合計金額を記入します。たとえば、総勘定元帳の現金勘定の借方に記入された4つの合計5,100円（1,000 ＋ 800 ＋ 1,800 ＋ 1,500）を合計残高試算表の現金の借方の合計欄に記入し、つぎに現金勘定の貸方に記入された3つの合計2,900円（1,200 ＋ 700 ＋ 1,000）を現金の貸方の合計欄に記入します。この計算をすべての勘定科目について行って、合計残高試算表の合計欄の記入をします。勘定に記入がなく合計額がないときには合計残高試算表の合計欄を空欄にしておきます。合計欄すべての記入が終わったら、貸借それぞれの総合計を計算します。借方の合計欄と貸方の合計欄のそれぞれの総合計が一致したら、完成です。

　つぎに、残高欄の記入をします。残高は借方合計額と貸方合計額の差額で、合計額が大きい方に記入します。現金の場合、借方合計は5,100円、貸方合計は2,900円なので、差額は2,200円（5,100 － 2,900）で、借方合計が大きいので、借方の残高になります。この金額を合計残高試算表の現金の借方の残高欄に記入します。残高は借方か、貸方のどちらかにしか出ないので、借方に記入したら、貸方は空欄になります。この計算をすべての勘定科目について行って、合計残高試算表の残高欄の記入をします。残高欄すべての記入が終わったら、貸借それぞれの総合計を計算します。借方の残高欄と貸方の残高欄のそれぞれの総合計が一致したら、完成です。

　合計試算表か、残高試算表を作成するときは、上記の手続きの一方だけを行います。

合計試算表でも、残高試算表でも、合計残高試算表でも、貸借合計が一致しない場合はどこかが間違っていますので、もう一度やり直します。原因としては、金額を集計するときの計算ミスであったり、計算結果を試算表に記入するときのミスであったりすることもありますが、仕訳帳から総勘定元帳への転記のミスであることもあります。

月中取引の記入欄を使って、月初の金額（合計あるいは残高）から、月末の金額（合計あるいは残高）を求める形の試算表を作ってみましょう。残高試算表の例を示します。まず、月初残高の欄に、資産、負債、純資産の勘定の前月あるいは前期からの繰越高を記入します。残高なので、資産は借方、負債と純資産は貸方に記入します。収益と費用は、繰越高はありません。合計試算表の場合は、すべての勘定の借方と貸方に何らかの金額が記入されます。月初残高欄の合計は、貸借一致します。

つぎに、月中取引欄に当月の取引の科目ごとの借方と貸方の合計額を、それぞれ記入します。今回は勘定に記入されたものを記入しましたが、仕訳をして、それを集計して記入することもあります。この欄の合計も貸借一致しますので、確認してください。

最後に、月初残高と借方と貸方の月中取引高を集計して、月末残高を計算します。資産と費用は借方残高、負債と純資産、それと収益は、貸方残高になります。月末残高欄の合計も貸借一致しますので、確認してください。すべての合計が貸借一致すれば、完成です。合計試算表の場合は、借方と貸方、それぞれに月初残高と月中取引を集計して、月中合計を求めます。この場合も、貸借の合計は一致します。先ほどの試算表と同様に、合計が一致しない場合は、計算ミス、転記ミスなどが考えられます。

残高試算表
令和○年1月31日　　　（単位：円）

借方			勘定科目	貸方		
月末残高	月中取引	月初残高		月初残高	月中取引	月末残高
2,200	4,100	1,000	現　　金		2,900	
1,000	2,500	500	売　掛　金		2,000	
500		500	備　　品			
	1,300		買　掛　金	500	2,000	1,200
			借　入　金		800	800
			資　本　金	1,500		1,500
	200		売　　上		4,000	3,800
2,900	3,000		仕　　入		100	
700	700		給　　料			
7,300	11,800	2,000	合　計	2,000	11,800	7,300

1 つぎの各問の（　　）にあてはまる答えとして、最も適当なものを選択肢から選びなさい。

【選択肢】　試算表、合計試算表、残高試算表、合計残高試算表、精算表、仕訳帳、領収証、
貸借対照表、損益計算書、推定、確定

① 取引を仕訳帳に仕訳し、総勘定元帳に転記する日常的な記帳手続が正しく行われているかどうか確認するために（　　　）を作成する。

② （　　　）は、総勘定元帳の各勘定の借方と貸方の合計を集計した計算表である。

③ （　　　）は、総勘定元帳の各勘定の残高を集計した計算表である。

④ （　　　）は、総勘定元帳の各勘定の借方と貸方の合計と残高を集計した計算表である。

⑤ 計算表の貸借合計が一致し、正しく作成できると、仕訳帳から総勘定元帳への転記が適正に行われたと（　　　）できる。

2 資料で示した当月末の総勘定元帳の各勘定の借方と貸方の合計金額から、当月の月次合計残高試算表を完成させなさい。なお、商品売買はすべて掛けで行い、返品は生じていない。

（資料）総勘定元帳に記入された金額

	借方合計	貸方合計
現　　　金	456,000	298,000
当 座 預 金	350,000	170,000
売 掛 金	435,000	234,000
繰 越 商 品	250,000	
備　　　品	300,000	
減価償却累計額		120,000
買 掛 金	167,000	357,000
資 本 金	50,000	750,000
売　　　上		385,000
受 取 手 数 料		25,000
仕　　　入	296,000	
給　　　料	20,000	
広 告 宣 伝 費	15,000	

月次合計残高試算表　　　　（単位：円）

借方残高	借方合計	勘定科目	貸方合計	貸方残高
		現　　　　金		
		当 座 預 金		
		売　　掛　　金		
		繰 越 商 品		
		備　　　　品		
		減価償却累計額		
		買　　掛　　金		
		資　　本　　金		
		売　　　　上		
		受 取 手 数 料		
		仕　　　　入		
		給　　　　料		
		広 告 宣 伝 費		

Step 14 伝票

取引は仕訳帳に仕訳し、総勘定元帳に転記しますが、帳簿は1冊しかないので、分担して作業していても、誰かが使っているときには待っていなければなりません。これを克服するために伝票が使われることがあります。伝票はひとつの取引について1枚の紙片を使って仕訳するもので、複写式の伝票を使うと同時に元帳への転記も行うことができます。コンピュータを使った会計処理の場合、取引の入力は基本的に伝票の形で行います。

伝票にはいくつかの種類がありますが、ここでは**3伝票制**という、3種類の伝票を使う方法を説明します。3伝票制では、入金伝票、出金伝票、振替伝票の3種類の伝票を使います。

14-1 入金伝票

入金伝票は、入金取引を仕訳する伝票です。入金取引は仕訳をしたとき、借方に現金がくる取引、つまり現金が増加する取引です。そのため、借方に現金が仕訳されるのは決まっているので、日付、伝票番号、貸方の勘定科目、金額だけが記入されます。例えば、普通預金から現金1,000円を引き出したという取引は、

    （現   金）   1,000   （普 通 預 金）   1,000

と仕訳されますが、これを入金伝票（略式）に記入すると、以下のようになります。

14-2 出金伝票

出金伝票は、出金取引を仕訳する伝票です。出金取引は仕訳をしたとき、貸方に現金がくる取引、つまり現金が減少する取引です。そのため、貸方に現金が仕訳されるのは決まっているので、日付、伝票番号、借方の勘定科目、金額だけが記入されます。例えば、普通預金に現金 2,000 円を預け入れたという取引は、

| (普 通 預 金) | 1,000 | (現 金) | 1,000 |

と仕訳されますが、これを出金伝票（略式）に記入すると、以下のようになります。

貸方は現金だから、借方の記入欄だけだよ。青色で印刷されているよ。

出金伝票 No.出 - ×

×月×日

普通預金 　　　2,000

14-3 振替伝票

振替伝票は、入金取引でも、出金取引でもないそれ以外の取引を仕訳する伝票です。振替伝票は普通に仕訳する形で、日付、伝票番号、借方の勘定科目、金額、貸方の勘定科目、金額が記入されます。例えば、商品 3,000 円を掛けで仕入れたという取引は、

| (仕 入) | 3,000 | (買 掛 金) | 3,000 |

と仕訳されますが、これを振替伝票（略式）に記入すると、以下のようになります。

借方と貸方の記入欄があるよ。

振替伝票 No.振 - ×

×月×日

仕 入　3,000　　買 掛 金　3,000

　取引の中には現金の出入金取引と振替取引が一緒になったものがあります。そのような取引を伝票で仕訳する場合には工夫が必要です。

　例えば、商品 2,000 円を仕入れ、代金のうち 100 円を現金で支払い、残りを掛にしたという取引は、

（仕　　　入）	2,000	（現　　　金）	100
		（買　掛　金）	1,900

と仕訳されます。これを伝票に記入するには、出金伝票と振替伝票を使いますが、2 通りの方法があります。

　ひとつは、単純に 2 つの取引に分ける方法で、

（仕　　　入）	100	（現　　　金）	100	← **出金伝票**
（仕　　　入）	1,900	（買　掛　金）	1,900	← **振替伝票**

というように分けて、起票します。

出金伝票 No.出 - ×	
×月×日	
仕　　入	100

振替伝票 No.振 - ×			
×月×日			
仕　　入	1,900	買 掛 金	1,900

　もうひとつは、すべて掛仕入と考え、100 円は買掛金を支払ったとして起票する方法で、

（仕　　　入）	2,000	（買　掛　金）	2,000	← **振替伝票**
（買　掛　金）	100	（現　　　金）	100	← **出金伝票**

というように分けて、起票します。

出金伝票 No.出 - ×	
×月×日	
買 掛 金	100

振替伝票 No.振 - ×			
×月×日			
仕　　入	2,000	買 掛 金	2,000

14-5 伝票の集計と管理

　伝票を使って仕訳した取引を総勘定元帳へ転記するには、2通りの方法があります。ひとつは個別転記で、伝票からひとつずつ各勘定に転記する方法です。もうひとつは合計転記で、複数の伝票をまとめて合計額を各勘定に転記する方法です。伝票を使う場合は合計転記することが多いので、合計転記を説明します。

　合計転記するためには、一定の期間で伝票を集計します。毎日なら仕訳日計表、1週間ごとなら仕訳週計表に集計します。**仕訳集計表**ともいいます。

　例えば、5月3日に以下のような伝票を起票したとします。これを仕訳日計表に集計してみましょう。

入 金 伝 票		出 金 伝 票		振 替 伝 票			
売 上	5,000	仕 入	3,000	仕 入	4,000	買掛金	4,000

入 金 伝 票		出 金 伝 票		振 替 伝 票			
売 掛 金	2,000	買掛金	1,500	売掛金	2,500	売 上	2,500

　現金勘定の借方は入金伝票を集計し、貸方は出金伝票を集計します。売掛金勘定の借方は振替伝票、貸方は入金伝票を集計します。買掛金勘定の借方は出金伝票、貸方は振替伝票を集計します。売上勘定貸方は入金伝票と振替伝票、仕入勘定借方は出金伝票と振替伝票を集計します。つまり、現金勘定は入金伝票と振替伝票を集計し、その他の勘定の借方は出金伝票と振替伝票、貸方は入金伝票と振替伝票を集計します。

仕 訳 日 計 表

5月3日　　　　　　　　33

	借方	元丁	勘定科目	元丁	貸方	
入 金 伝 票 合計→	7,000	1	現　　金	1	4,500	←出金伝票合計
振 替 伝 票→	2,500	3	売 掛 金	3	2,000	←入金伝票
出 金 伝 票→	1,500	12	買 掛 金	12	4,000	←振替伝票
			売　　上	31	7,500	←入金伝票、振替伝票
出 金 伝 票、振替伝票→	7,000	41	仕　　入			
	18,000				18,000	

←―――――― 貸借一致 ――――――→

仕訳日計表に集計した借方合計と貸方合計は一致します。これは試算表と同じです。またこの合計は、すべての伝票の合計とも一致します。集計ができたら、総勘定元帳に転記（合計転記）します。転記すると以下のようになります。元帳の摘要欄には仕訳日計表と記入し、仕丁欄には仕訳日計表のページ数を記入します。そして、仕訳日計表の元丁欄には総勘定元帳のページ数を記入します。

総勘定元帳

現　金　　1

日付		摘要	仕丁	金額	日付		摘要	仕丁	金額
5	3	仕訳日計表	33	7,000	5	3	仕訳日計表	33	4,500

売　掛　金　　3

日付		摘要	仕丁	金額	日付		摘要	仕丁	金額
5	3	仕訳日計表	33	2,500	5	3	仕訳日計表	33	2,000

買　掛　金　　12

日付		摘要	仕丁	金額	日付		摘要	仕丁	金額
5	3	仕訳日計表	33	1,500	5	3	仕訳日計表	33	4,000

売　上　　31

日付		摘要	仕丁	金額	日付		摘要	仕丁	金額
					5	3	仕訳日計表	33	7,500

仕　入　　41

日付		摘要	仕丁	金額	日付		摘要	仕丁	金額
5	3	仕訳日計表	33	7,000					

練習問題

1 つぎの各問の（　　）にあてはまる答えとして、最も適当なものを選択肢から選びなさい。
【選択肢】　仕訳帳、総勘定元帳、貸借対照表、損益計算書、伝票、試算表、入金伝票、
　　　　　出金伝票、振替伝票、仕訳日計表、精算表

① （　　　　）を使うと、記帳手続を分担して行うことができる。
② 3伝票制の場合、（　　　　）は、借方に現金を仕訳する取引を記入する。
③ 貸方に現金を仕訳する取引を記入するために3伝票制では、（　　　　）を用いる。
④ 入金取引でも、出金取引でもない取引を仕訳するとき、3伝票制では（　　　　）を用いる。
⑤ 伝票から総勘定元帳に転記する場合、（　　　　）に集計して、合計転記を行う。

2 つぎの伝票に記入した取引を仕訳しなさい。ただし、1つの問に2つの伝票がある場合1つの取引として仕訳をし、勘定科目は最も適当なものを選択肢から選ぶこと。
【選択肢】　現金、売掛金、買掛金、売上、仕入

①
入金伝票
売　上　　　6,000

②
出金伝票
買掛金　　　4,000

③
振替伝票
売掛金　2,500　　売　上　2,500

④
入金伝票
売掛金　1,000

振替伝票
売掛金　5,000　　売　上　5,000

⑤
出金伝票
仕　入　2,000

振替伝票
仕　入　3,000　　買掛金　3,000

3 以下の伝票を集計して、仕訳日計表を作成しなさい。

入金伝票		出金伝票	
売　上	3,000	仕　入	2,000

振替伝票			
仕　入	7,000	買掛金	7,000

入金伝票		出金伝票	
売掛金	4,000	買掛金	3,500

振替伝票			
売掛金	9,500	売　上	9,500

入金伝票		出金伝票	
受取利息	500	当座預金	3,000

振替伝票			
仕　入	2,000	当座預金	2,000

仕 訳 日 計 表
×月×日

借　方	勘 定 科 目	貸　方
	現　　　金	
	当 座 預 金	
	売　掛　金	
	買　掛　金	
	売　　　上	
	受 取 利 息	
	仕　　　入	

総合練習

日本商工会議所簿記検定試験初級の試験問題を想定して出題しています。試験時間40分でやってみてください。

問 題 1

第1問　次の各問の空欄にあてはまる答えとして、最も適当なものを選択肢から選びなさい。

① （　　　　）は、企業の一定時点の財政状態を示す財務表である。
【選択肢】　合計試算表、残高試算表、精算表、貸借対照表、損益計算書

② 簿記とは、企業の経済活動を、（　　　　）して、集計して、報告するためのツールである。
【選択肢】　記録、計算、実行、統制、計画

③ （　　　　）とは、現金、預金、土地、建物などの財貨と、売掛金、受取手形、貸付金などの債権である。
【選択肢】　資産、負債、純資産、収益、費用

④ （　　　　）は、利益を得るために費やされた財産の減少額のことで、商品の売上原価、給料、支払手数料などがある。
【選択肢】　資産、負債、純資産、収益、費用

⑤ （　　　　）は、簿記上の取引ではない。
【選択肢】　商品の掛売上、従業員の雇用契約、商品代金の支払い、現金の盗難、災害による社屋の倒壊

⑥ 主要簿には、（　　　　）と総勘定元帳がある。
【選択肢】　試算表、仕訳帳、損益計算書、貸借対照表、現金出納帳

⑦ 現金とは通貨と通貨代用証券であるが、（　　　　）は現金として扱う通貨代用証券である。
【選択肢】　自己振出の小切手、領収書、郵便切手、社債券、郵便為替証書

⑧　（　　　　）は、商品を掛けで売上げたことによって発生する債権である。
【選択肢】　売掛金、買掛金、未収入金、未払金、現金

⑨　（　　　　）とは商品を仕入れるときに内金または手付金としてあらかじめ支払った場合に
発生する債権である。
【選択肢】　売掛金、前払金、買掛金、前受金、未払金

⑩　約束手形を受け取ったときには、（　　　　）に記入する。
【選択肢】　受取手形勘定借方、受取手形勘定貸方、売掛金勘定借方、
支払手形勘定借方、支払手形勘定貸方

第2問　下記の取引の仕訳を示しなさい。ただし、勘定科目は選択肢の中から、最も適当な
ものを使用し、商品の売買の記帳は三分（割）法によること。なお、特段の指示がある場合を
除いて、消費税を考慮しなくて良い。

①　商品 30,000 円を仕入れ、引取費用 2,000 円とともに代金は小切手を振り出して支
払った。
【選択肢】　現金、当座預金、売掛金、買掛金、売上、仕入、発送費

②　事務用のパソコン 40,000 円を購入し、代金は月末に支払うことにした。
【選択肢】　現金、売掛金、前払金、備品、買掛金、未払金、仕入、売上

③　商品 20,000 円を販売し、代金はクレジット払いとした。なお、信販会社の手数料は 500
円である。
【選択肢】　売掛金、クレジット売掛金、買掛金、支払手数料、売上、受取手数料

④　営業用の自動車 50,000 円を購入し、代金は小切手を振り出して支払った。
【選択肢】　現金、当座預金、車両運搬具、買掛金、仕入、未払金

⑤　掛けで仕入れた商品のうち 3,000 円分を品違いのため、返品した。
【選択肢】　繰越商品、売掛金、買掛金、仕入、未払金、売上

⑥　掛代金を、現金 20,000 円と小切手 30,000 円を振り出して支払った。
【選択肢】　現金、当座預金、売掛金、仕入、買掛金、未払金

⑦　固定資産税 15,000 円を現金で支払った。
【選択肢】　現金、当座預金、租税公課、雑費、支払手形、備品

⑧　店主が個人のため、店の現金 10,000 円を引き出した。
【選択肢】　現金、当座預金、貸付金、借入金、資本金、雑費

⑨　商品 30,000 円を注文し、内金として 3,000 円を現金で支払った。
【選択肢】　現金、売掛金、前払金、買掛金、仕入、売上

⑩　貸付金 10,000 円の返済を受け、利息 100 円とともに相手振出の小切手で受け取った。
【選択肢】　現金、当座預金、貸付金、借入金、支払利息、受取利息

第3問 当月の月次合計残高試算表を完成させ、以下の金額を計算しなさい。

問1　月次合計残高試算表を完成しなさい。

月次合計残高試算表　　　　（単位：円）

借方残高	借方合計	勘定科目	貸方合計	貸方残高
	1,380,000	現　　　　金	890,000	
	1,950,000	当　座　預　金	740,000	
	700,000	受　取　手　形	200,000	
	1,620,000	売　　掛　　金	960,000	
	250,000	繰　越　商　品		
	600,000	備　　　　品		
		減価償却累計額	240,000	
	390,000	買　　掛　　金	830,000	
	100,000	借　　入　　金	500,000	
	50,000	資　　本　　金	2,550,000	
	80,000	売　　　　上	950,000	
		受　取　手　数　料	225,000	
	600,000	仕　　　　入	60,000	
	220,000	給　　　　料		
	50,000	広　告　宣　伝　費		
	80,000	支　払　家　賃		
	60,000	旅　費　交　通　費		
	15,000	支　払　利　息		
	8,145,000		8,145,000	

問2　以下の金額を計算しなさい。
① 当月末の備品の帳簿価額
② 当月末の資産の総額
③ 当月中に支払った買掛金の金額
④ 当月中に発生した費用の総額
⑤ 当月中に発生した収益の総額

100

第1問 次の各問の空欄にあてはまる答えとして、最も適当なものを選択肢から選びなさい。

① 負債とは、買掛金、支払手形、（　　　）など、相手に金品などを返済する義務である。
【選択肢】 現金、前払金、未収入金、未払金、資本金

② 損益計算書は、企業が一定期間に行った経済活動の成果、つまり（　　　）を表す。
【選択肢】 財政状態、経営成績、損益計算、帳簿記録、資産と負債

③ （　　　）勘定は、元入れや利益などによって増加し、引出しや損失によって減少する。
【選択肢】 売上、現金、資本金、売掛金、買掛金

④ 有形固定資産は時間の経過や使用によって価値が減少するので、決算時に（　　　）して、費用計上する。
【選択肢】 仕訳、転記、記帳、減価償却、資産計上

⑤ （　　　）勘定は、固定資産税を支払ったり、収入印紙を購入したりしたときに借方に記入される費用の勘定である。
【選択肢】 現金、固定資産税、印紙税、租税公課、所得税

⑥ 商品を仕入れたとき、後で支払うことにした代金を（　　　）という。
【選択肢】 未収入金、未払金、仮払金、売掛金、買掛金

⑦ （　　　）は、取引が間違いなく仕訳され、転記されているかどうか確認するために作成される。
【選択肢】 仕訳帳、総勘定元帳、試算表、精算表、貸借対照表

⑧ （　　　）は、金銭を受取ったとき、その収入の理由が分からないといったような不確定な収入のことである。
【選択肢】 前受金、未収入金、売掛金、仮受金、借入金

⑨ 商品売買に関する取引を仕入勘定、売上勘定および繰越商品勘定を使って仕訳する方法を、（　　　）という。
【選択肢】 損益法、財産法、三分法、直接法、間接法

⑩ 仕訳帳の代わりに、仕訳をし、転記をするために作成される紙片を（　　　）という。

【選択肢】 総勘定元帳、証ひょう、伝票、小切手、試算表

第2問 下記の取引の仕訳を示しなさい。ただし、勘定科目は選択肢の中から、最も適当なものを使用し、商品の売買の記帳は三分（割）法によること。なお、特段の指示がある場合を除いて、消費税を考慮しなくて良い。

① 商品 10,000 円を掛けで仕入れ、引取費用 500 円を現金で支払った。

【選択肢】 現金、売掛金、買掛金、仕入、発送費、売上

② 商品 70,000 円を販売し、代金のうち 10,000 円は先方振出の小切手で受け取り、残額を掛けとした。

【選択肢】 現金、当座預金、売掛金、買掛金、仕入、売上

③ 土地 50,000 円を 60,000 円で売却し、代金は月末に受け取ることにした。

【選択肢】 現金、売掛金、未収入金、土地、固定資産売却益、固定資産売却損

④ 商品 80,000 円の注文を受け、内金として 10,000 円が普通預金口座に入金された。

【選択肢】 現金、当座預金、普通預金、前受金、仕入、売上

⑤ 収入印紙 1,000 円を現金で購入した。

【選択肢】 現金、当座預金、通信費、租税公課、支払手数料、受取手数料

⑥ 事務用の机といすを購入し、代金 50,000 円は月末に支払うことにした。

【選択肢】 現金、建物、備品、買掛金、未払金、仕入

⑦ 従業員に給料の前貸しとして、現金 10,000 円を支給した。

【選択肢】 現金、当座預金、立替金、仮払金、借入金、給料

⑧ 買掛金 30,000 円の支払いのため、電子債権記録機関に債務の発生記録を請求した。

【選択肢】 現金、売掛金、電子記録債権、買掛金、電子記録債務、仕入

⑨ 事務所建物の火災保険料 12,000 円を、現金で支払った。

【選択肢】 現金、当座預金、建物、支払手数料、保険料、受取手数料

⑩　注文した商品 20,000 円を受け取り、代金のうち 5,000 円は注文時に支払った内金と相殺し、残額は掛けとした。

【選択肢】　売掛金、前払金、買掛金、前受金、仕入、売上

第3問　当月の月次合計試算表を完成させ、以下の金額を計算しなさい。
問1　月次合計試算表を完成しなさい。

月次合計試算表　　　　　　　　　（単位：円）

借方 合計	借方 月中取引	借方 前月繰越	勘定科目	貸方 前月繰越	貸方 月中取引	貸方 合計
	2,000	1,380,000	現　　金	890,000	40,000	
	20,000	1,950,000	当 座 預 金	740,000	30,000	
	24,000	700,000	受 取 手 形	200,000	20,000	
	54,000	1,620,000	売 掛 金	960,000	24,000	
		250,000	繰 越 商 品			
		600,000	備　　品			
			減価償却累計額	240,000		
	90,000	390,000	買 掛 金	830,000	75,000	
	20,000	100,000	借 入 金	500,000		
		50,000	資 本 金	2,550,000		
	12,000	80,000	売　　上	950,000	200,000	
			受 取 手 数 料	225,000	3,000	
	113,000	600,000	仕　　入	60,000	5,000	
	35,000	220,000	給　　料			
	8,000	50,000	広 告 宣 伝 費			
	10,000	80,000	支 払 家 賃			
	8,000	60,000	旅 費 交 通 費			
	1,000	15,000	支 払 利 息			
	397,000	8,145,000		8,145,000	397,000	

問2　以下の金額を計算しなさい。
① 当月末の売掛金の残高
② 当月末の買掛金の残高
③ 当月中に返済した借入金の金額
④ 当月中の純仕入高
⑤ 当月中の純売上高

索引

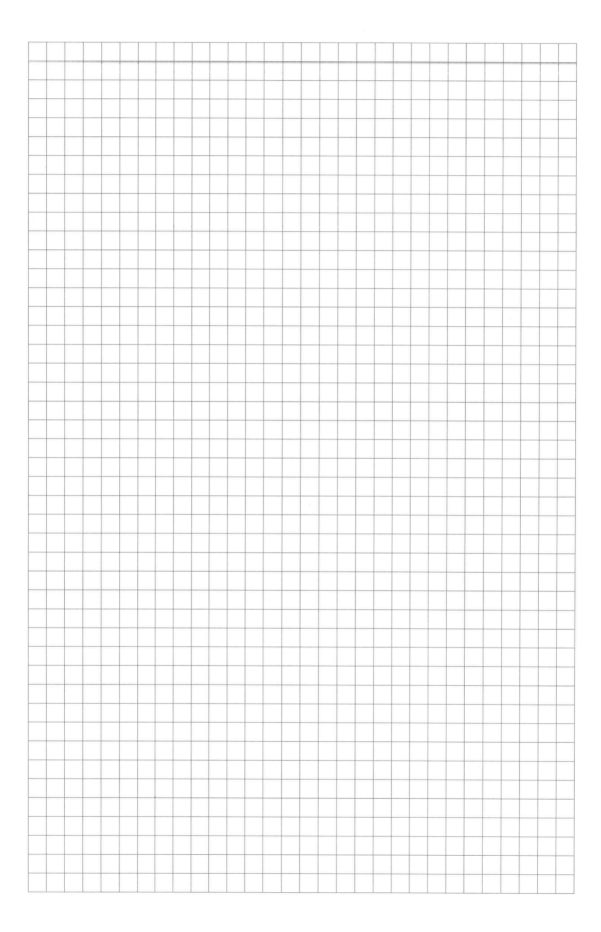

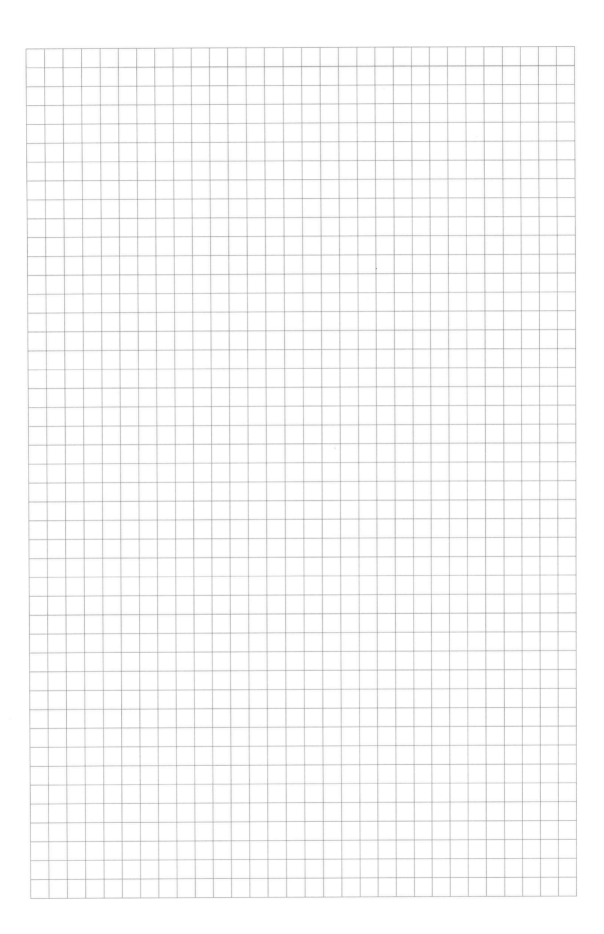

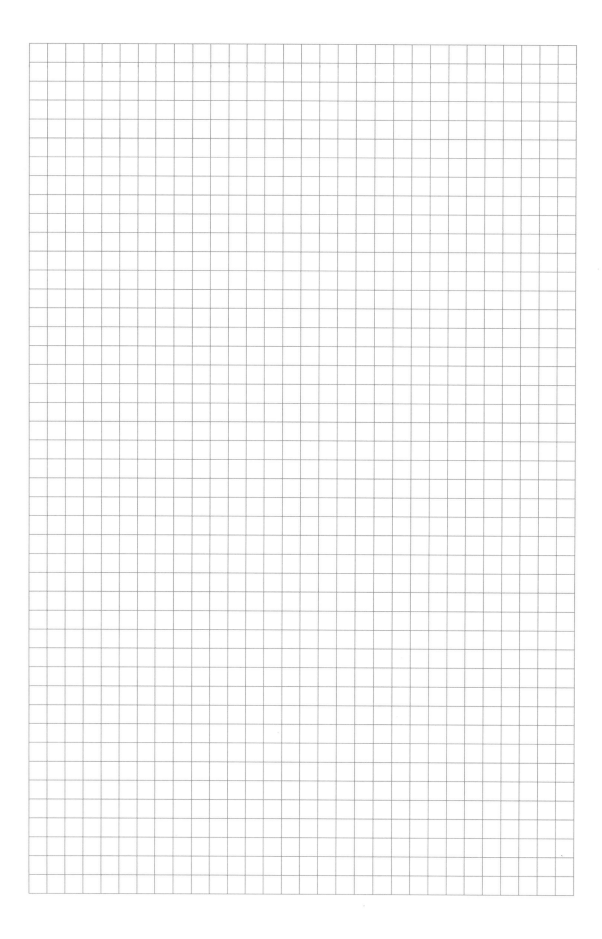

■ 著者プロフィール

長屋 信義（ながや・のぶよし）

産業能率大学　情報マネジメント学部　教授

担当授業　（大学）簿記入門、日商簿記検定2級対策講座、管理会計、財務管理
　　　　　　（大学院）財務諸表論研究、原価計算論研究、会計学特別演習（修士論文）

明治大学大学院経営学研究科博士後期課程単位取得退学、経営学修士

専門は、管理会計、原価管理、原価計算

ご質問がある場合は・・・

本書の内容についてご質問がある場合は、本書の書名ならびに掲載箇所のページ番号を明記の上、FAX・郵送・Eメールなどの書面にてお送りください（宛先は下記を参照）。電話でのご質問はお断りいたします。また、本書の内容を超えるご質問に関しては、回答を控えさせていただく場合があります。

執筆陣が講師を務めるセミナー、新刊書籍をご案内します。

詳細はこちらから

https://www.cutt.co.jp/seminar/book/

ビジネス演習 ②

留学生のための 簿記初級 ワークブック

2022年4月10日　初版第1刷発行

著　者　　長屋 信義
発行人　　石塚 勝敏
発　行　　株式会社 カットシステム
　　　　　〒169-0073 東京都新宿区百人町4-9-7　新宿ユーエストビル8F
　　　　　TEL （03）5348-3850　　FAX （03）5348-3851
　　　　　URL　https://www.cutt.co.jp/
　　　　　振替　00130-6-17174
印　刷　　シナノ書籍印刷 株式会社

本書に関するご意見、ご質問は小社出版部宛まで文書か、sales@cutt.co.jp 宛に e-mail でお送りください。電話によるお問い合わせはご遠慮ください。また、本書の内容を超えるご質問にはお答えできませんので、あらかじめご了承ください。

Cover design *Y.Yamaguchi*　　　　　Copyright©2022　長屋 信義
Printed in Japan　　ISBN 978-4-87783-702-0

仕 訳 帳

日付		摘　要	元丁	借方	貸方
1	1	前期繰越高	✓	600,000	600,000
	5	（仕　　　入）　諸口	41	200,000	
		（現　　　金）	1		10,000
		（買　掛　金）	11		190,000
		A商店から仕入			
	10	（売　掛　金）	2	300,000	
		（売　　　上）	31		300,000
		X商店へ販売			
	16	（現　　　金）	1	350,000	
		（売　掛　金）	2		350,000
		X商店などから売掛金回収			
	21	（買　掛　金）	11	230,000	
		（現　　　金）	1		230,000
		A商店などに買掛金支払			
	25	（給　　　料）	42	100,000	
		（現　　　金）	1		100,000
		従業員に給料支給			
				合計	合計
合計試算表の合計額と一致（転記漏れを確認）				1,780,000	1,780,000

転記

合計残高試算表
令和〇年1月　　（単位：円）

借方		勘定科目	貸方	
残高	合計		合計	残高
360,000	700,000	現　　　　金	340,000	
200,000	550,000	売　掛　金	350,000	
	230,000	買　掛　金	390,000	160,000
		資　本　金	400,000	400,000
		売　　　　上	300,000	300,000
200,000	200,000	仕　　　　入		
100,000	100,000	給　　　　料		
860,000	1,780,000	合　　計	1,780,000	860,000

合計一致